꽃밭을 봄부터 가꾸어야

詩·隨筆

두번째이야기

제정호 시·수필

도서출판
아이비

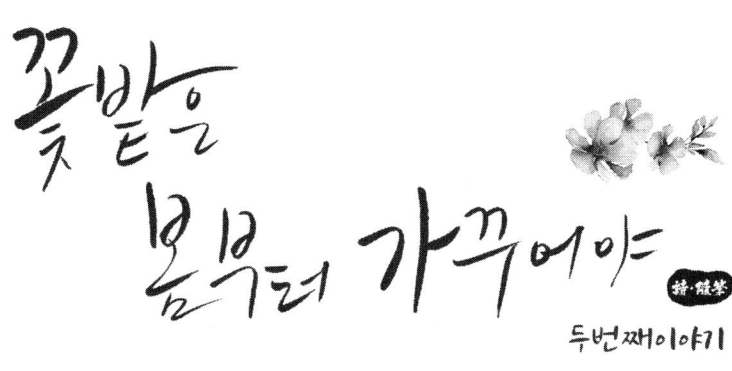

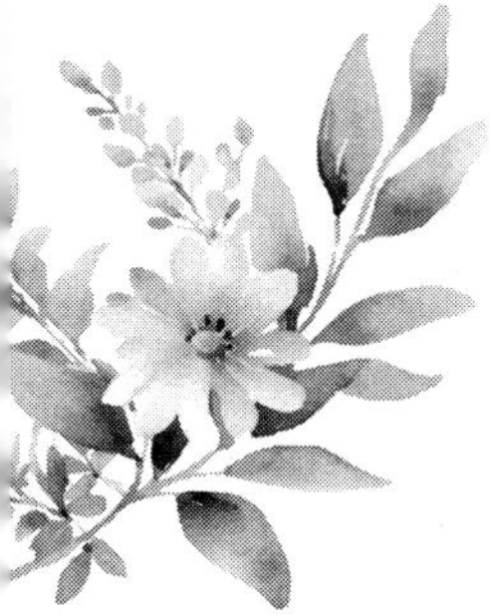

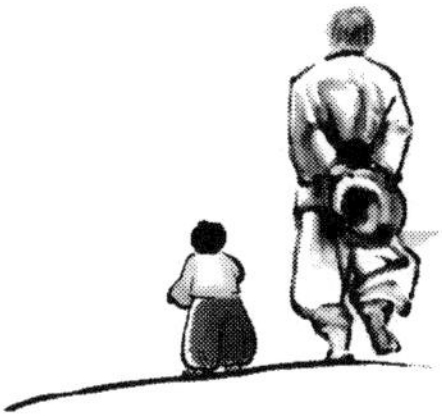

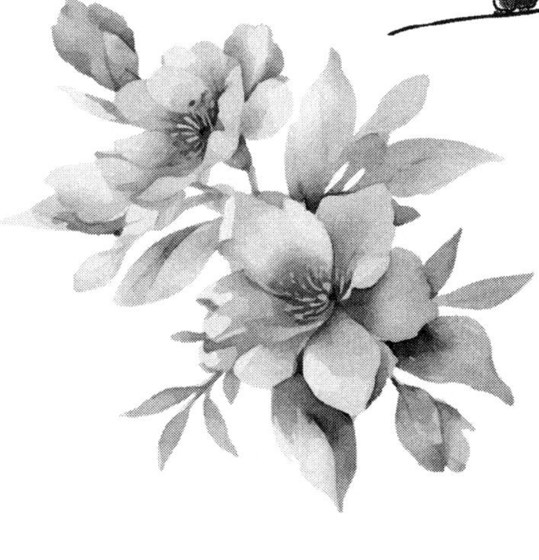

발간사(작가의 말)

첫 번째 시집 "꽃밭은 봄부터 가꾸어야!"의 문구에 깊은 애착을 느껴, 이번에도 같은 제목으로 제2권의 시집 겸 수필집을 발간하게 되었습니다.

첫 시집을 낼 때는 깊은 고민 없이 용감하게 도전했지만, 이번에는 스스로 초라하고 부족하다는 생각이 들어 출간을 망설이기도 했습니다. 그러나 미수(米壽)를 앞둔 지금, 삶 자체에 의미를 두고 용기를 내어야 한다는 결론을 내렸습니다.

"늦었다고 생각할 때가 가장 빠를 때이다. 나이는 숫자에 불과하다."

이 말은 폴란드 태생으로 미국으로 이민을 가 미국의 샤갈이라 불린 '헤리 리버먼(Harry Lieberman, 1880~1983)'의 명언입니다. 저는 이 말을 떠올리며 부족한 자신을 인정하면서도 용기를 내어 제2권을 세상에 내놓기로 결심했습니다.

그는 81세에 미술을 배워 101세 까지 22회의 개인전을 열었으며, 103세까지 작품 활동을 하다 생을 마감했습니다. 평범한 저와 비교하는 것은 어쩌면 불경스러울지도 모르지만, 용서 해 주시길 믿습니다. 그는 제게 큰 깨달음을 주었습니다. 산 정상에서 아무리 큰 소리로 외쳐도 들어주는 이가 없을 수도 있지만, 나 자신의 삶을 돌아보는 것이야말로 중요하다는 것을 깨닫게 됩니다.

 보잘것없는 글이라 해도 세월의 흐름 속에서 나만이 아니라 모든 만물이 함께하고 있음을 깨닫는 순간, 그 자체로도 행복을 느낄 수 있습니다. 그리하여 부족한 글이지만 감히 세상에 내놓습니다. 부디 따뜻한 격려와 응원을 보내주시기를 바랍니다.

2025년 7월

보통 사람으로 살다간 선지자
- 장기표 선생을 생각하며…

보고싶다
둥둥 북소리 나는 곳
사랑의 법고치며
우리 곁에 산처럼
우뚝 서 있던 분
기러기 울던 밤
새벽 큰 별 되셨네

꽃길 유혹 마다하고
시지프의 형벌 자초
자아실현 물방아
평생 힘들게 돌리며
가시밭길 걷다간
한 구도자의 삶
그대의 빈 자리가 크다

민주화 노동운동 9년 감옥 12년 수배
국민된 도리 보상금 외면

주머니 비어도
가짐없는 자유 즐기고
나비 월동준비 없어도
봄 알린다
세상을 향한 일갈

선지자 장기표의
아름다운 뒷모습을
봅니다
"당혹스럽지만
살만큼 살았고
이룰만큼 이루었으니
아무 미련없이 모든 것을
그대로 받아들이려 한다"
눈감으면 그 모습 그 음성
슬픔이 부모를 앞서 통곡한다

그 흔한 상장 하나 없어도
세상인심에 미소 짓고
늘 북채 들고 휘적휘적
그 아픈 속내 감추고
물같이 산 선지자

당랑거철의 용기

백조의 깊은 뜻

이루지 못해 애달프다

님의 두고 간 화두

망국7적* 뿌리뽑고

잘 사는 세상

자립, 복지, 환경, 문화, 도덕

바로 세우도록

특권폐지 도와주세요

도솔천에서 영면하시길 빕니다.

2024. 9.

* 망국칠적(亡國七賊) : 민주노총, 전교조, 공기업, 미친집값, 탈원전, 주사파, 대깨문
* 유수칠덕(流水七德) : 겸손, 지혜, 포용력, 유연성, 인내, 용기, 대의

차례

발간사(작가의 말)　꽃밭은 봄부터 가꾸어야Ⅱ / 3
보통 사람으로 살다간 선지자 / 5

1부 시

가을 / 16
고향 / 17
고향 잔영 / 18
귀한 선물 / 19
그리운 장모님 / 20
그네 / 22
그리움 / 23
기도 / 24
길 떠날 사람 / 26
나무 한 그루 / 27
늦가을 / 28
늦은 봄 길 / 29
단상(부모님 소천) / 30
마지막 길 / 31

모과나무(못난 부모) / 32

새들의 노래 / 33

엄마 손 / 34

반성 / 35

까마귀 / 37

까치밥 / 39

꽃과 계절 / 40

꽃들의 시샘 / 42

꽃밭 / 43

꽃향기 / 45

낙락장송 / 46

내 고향 / 48

넋두리 / 50

노인老人 / 51

노인훈장 / 52

눈 내리는 밤 / 54

늦은 봄 / 55

님과 남 / 56

단풍 / 57

도둑놈(세월) / 58

돌부처 / 59

동생 생각 / 61

둥지 / 63

들국화 / 64

등대 / 65

떨어진 풋감 / 67

마지막 가는 날 / 69

말의 향기 / 70

망각 / 71

며느리 / 72

무기정(월이) / 73

미소 / 74

민들레 / 75

박주산채薄酒山菜 / 77

벌과 나비 / 78

벌써 가을 / 79

벗의 소천 / 81

엄마 닮았네 / 82

벤치 / 83

봄 단상 / 84

부처님 오신 날 / 85

북극성 / 86

분재 / 87

비석 / 89

산수유 / 91

석양 / 92

세월 / 94

함께 늙는 벗 / 95

수국 / 97

수석 / 98

수호수守護樹 / 100

순리 / 102

아내에게 / 103

안식처 / 105

애완동물 / 106

어린이 날 / 108

어머니 / 110

엄마 / 111

연탄 / 112

영전에 / 113

욕심 버리고 / 114

은행나무 / 115

이별1 / 117

이별2 / 119

인생 / 120

인생이란 / 121

인연 / 122

자기 분수 / 123

자화상 / 124

잡초 / 125

장기표 선생을 생각하며 / 126

장군바위 / 128

장승 / 130

젊음(용기) / 131

청계천 / 132

초행初行 / 134

추억 / 135

출근길(희망) / 136

탐욕 / 137

행복 / 138

회상 / 139

회포 / 140

후회 / 142

2부 수필

겸상 / 144

내 탓이요匹夫之勇(사랑하는 아내에게) / 147

마음이 울적하면(병원을 방문 해 보세요) / 149

말동무/ 151

모자간의 정담(생일 축하)/ 158

빙모님 영전에 드리는 글 / 160

추도사 / 163

이 생각 저 생각 / 166

제비의 대화 / 167

친구 / 169

할머니 이야기(열녀 이야기) / 170

육당蔘堂 제병근諸炳根 선생 비문 / 177

어머니 단상 / 182

형님 생신 축하합니다 / 187

3부 작가의 마음

우리 동창 제정원 신부 / 190

故 제정원(베드로) 신부님을 기억하며… / 194

고성사람 제정구를 위한 노래 / 196

13

푸른 산
치마폭에 계절을 감추려 하나
들녘에 황금물결 일고
참새 쫓는 허수아비 쉬지 않고 춤춘다

고추잠자리 날갯짓에 코스모스 하늘거리고
귀뚜라미 울음소리에
산천은 서둘러 색동옷 갈아입네

– 본문 "가을" 중에서

1부
시詩

가을

푸른 산
치마폭에 계절을 감추려 하나
들녘에 황금물결 일고
참새 쫓는 허수아비 쉬지 않고 춤춘다

고추잠자리 날갯짓에 코스모스 하늘거리고
귀뚜라미 울음소리에
산천은 서둘러 색동옷 갈아입네

옛날 생각에
파아란 하늘에 핀 꽃구름 엽서
가을바람에 흩어지고

은행나무 잎
나비 되어 떨어지고

덧없이 흘러간 세월
석양이 아쉬워
낙엽에 봄소식 추억을 담아
책갈피에 꽂아 본다

고향

꽃 피는 산골 떠나
도시로 이사 가던 날
몹시도 으시댔건만
세월 앞에 지팡이 짚고 섰다

고향 친구들 하늘같이 우러러보이고
선산 지키던 굽은 소나무의 뜻 이제 알겠다

잊지 않고
마음에 새겨둔 친구들 고맙다
엄마 품속 찾아 고향 텃밭에 뼈를 묻고 싶다

길손은 알 리 없는
그 무거운 돌비석 무엇 하겠는가
후손에게 돌비석 짐만 지운다

그리움이 있는 곳
산천의 풀 꽃 새소리도
추억 속에 더욱 정겹다

고향 잔영

아지랑이
종달새
개나리꽃 늦게 찾는 산골

졸졸거리는 개울물
버들강아지도 늦게 소식 갖고 온다

자연은 옛 모습 그대로
소달구지 지나던 길
자동차 달려 어릴 적 추억도 가져간다

달빛 즐기는 꼬마들 없고 새소리만 크다
세월이 버거워 옛집 기둥 무너지고
쓸쓸한 가로등만 골목길을 지킨다

산등성이 고개 내미는 엄마 모습
따스한 햇살 되어
잡초만 무성한 마음 위로받는다

귀한 선물

초롱초롱한 눈망울 어두운 방
하늘의 별빛보다 더 빛나는구나
시킴 없었건만(가르침)
노는 모습 처음과 끝 제 아비 어미 닮았네
그 빛나는 눈 속에
무슨 장난기 품고 있을까
세상 무슨 인연으로
내 꽃밭에 왔느냐
귀한 보석들
마음 한곳에 두고 정성 모아 본다.

그리운 장모님

기러기 울고 가는 밤
달빛이 유난히 밝구나

고요한 밤
별처럼 많은 추억
창문으로 스며든다

옹달샘 인연이 흘러
강 끝, 바다를 이룬다
인고의 삶에 달빛 드리우는 그림자
햇살보다 더 크구나.

산 넘어 달뜨는 곳에 계시는지
해마다 꽃은 피건만
스쳐가는 그리움만 남습니다

꽃 같은 심성 난처럼 사신 임
세월에 곱게 단장한 아내의 모습에

낳고 기르신 임의 모습
언뜻언뜻 그립니다
임의 진한 인품의 향기 영원히…

휘영청 달 밝은 날
임 생각에 꽃 송이송이
마음에 담아 둡니다.

그네

그네를 탄다
앞산이 미소 지으며 다가온다
줄을 놓으니 온갖 망상이 날 괴롭힌다
세상사 모든일
내 마음에 있었네

늘 그네 타고
그대 앞으로 그도 내 앞으로
팔 베고 누워
허공에 그네 걸어 마주 보니 즐겁고
그대에 빚진 근심 걱정 구름처럼 사라지고
마음은 늘 평온이 온다

오늘도 나를
거울앞에 세워본다.

그리움

엄동설한에
기약 없이 떠난 님
남풍에도 소식 없네
밤이면 달빛과 함께
그리움 몰려오고
해 뜨면 가고
어둠이 깃들면
그리움 오고
긴긴밤 소쩍새 소리에
텅 빈 마음 빈자리 더 크다

그리움에 열어둔 싸리문
제비 까치 소식 없고
찬바람이 촛불만 희롱한다
베갯머리 스며드는 그리움
가슴에 품고
새벽 절간의 풍경소리
몸 뒤적이고 눈시울 적신다.

기도

어제는 베드로 신부님이

저를 위해 기도했죠

오늘은 신부님을 위해 안토니오가 기도드립니다

늘 측은지심으로 주위에 귀 기울이고

형 같이 가 하더니 먼저 가셨네요

올곧은 님의 심정

내 삶에 큰 힘

꿈에도 보기 힘든 모습

많이 보아 둘 것을

해 맑은 성직자의 사진

가슴에 품고 후회합니다

부모님이 주신 7벌의 옷(4남 3녀) 4벌 벗으니

봄바람에도 한기가 든다

주님의 곁에서 신자들을 위해

기도 많이 해 주세요

안토니오도 고향 꿈 자주 꿉니다

그림의 떡

종일 보아도

배는 더 고프다

아멘.

* 배드로 : 막내동생 제정원 신부 세례명
* 안토니오 : 제정호 세례명

길 떠날 사람

오른손 왼손

사람 행복 힘들다

지금까지 걸어온 길 멀리도 왔다

갈길 모르니 영겁에 찰라

지금까지 온 길 비몽사몽 술 취한 삶

가는 길 좋은 곳 나쁜 곳

구전되는 두 곳

떠날 날짜 모르니

더욱 두렵다

나 걸어온 삶이 나를 심판한다.

나무 한 그루

마음에 나무 한 그루 심어
고이 가꾼 지도 수십 성상
대지에 옮기려니
참 보잘것없구나

마음 어디에 두고
애지중지 했나
탐욕 버리니
가을 햇볕이 더욱 따스하다
내가 기른 나무 한 그루
멋있어 보이는구나.

늦가을

뭉게구름 이불 삼아
대지에 누워 하늘 보고
가을볕에 마음 씻고
양지에 누운 강아지도
도둑 오는 줄 모르고 졸고있네
잠자리 콧등에 앉자 놀란 강아지
멍멍 짖는다

낙엽 한 잎이 기러기 떼 몰고 북쪽으로
늦가을 추수 걱정 없이
한여름 단꿈만 꾸는구나
어리석은 자여 마음의 찌꺼기는 그대로
세월에 후회한들 곧 겨울이 온다.

늦은 봄 길

뻐꾸기 봄 갔다고
슬픈 소리 내어 우네
진달래 철쭉꽃 져도
푸른 녹음방초 더 멋져요
훨훨 춤추는 나비는
내 마음 유혹한다

매미 소리 산골의 정적 깨고
귀를 즐겁게 한다
가을은 오는데
철없이 매미 배짱이 풍악에 취해
어느 집 문전걸식 걱정이다.

단상(부모님 소천)

꽃피고 새들이 조잘대는 날
설한풍 계절 모르고 소천하셨네
쓸려간 부끄러움만 가득해
세월에 주워 모은 씨앗 뿌릴
논밭 없으니
가슴에 모아둔 씨 북망산천에 흩뿌려본다

일꾼들은 석양에 뒷모습만 두고
뿔뿔이 제 갈 길가고
내 모습만 서리 맞은 풀잎 같구나
나 이제 논밭이 되었으며
옛 생각들은 꾹꾹 가슴에 묻어
눈에 이슬을 만든다
영겁에 짧은 인연
색동옷 입고 춤출 곳 없으니 애달프다.

마지막 길

평생을 애지중지 가꾼 몸
한 시간 버티지 못하고
어디로 갔는지 한 줌 재만 남고
왔다 간 흔적
자연으로 돌아가는구나

내 걸어온 길
반추하며 반길 자 누구
산천에 쏟아지는 비바람에
영혼이 있다면 다음 생 윤회를
가슴에 품어
욕심부려본다
향 싼 종이 향내 난다.

모과나무(못난 부모)

목수에 버림받고
과일 대접도 못 받네
늘 뒤꼍에서
사랑에 애태워 하다
엉어리진 마음 사리 되어
늦가을 황금으로 주렁주렁

외면한 인심
시도 때도 없이 황금 덩어리 찾아
허리 굽혀 이곳저곳 문안 큰절하고 가네
부모의 황금 덩이 자녀들
효자 만드네
외모로 받은 상처 인내로 보상받는다.

새들의 노래

앙상한 나뭇가지에
이름 모를 새 목청을 돋우네
화답없으니
자리를 떠난다

저 나무 나와 같구나
봄 여름 풍성한 가지에
오는 새도 많았네

세월에 벗 불러도 대답없고
나 혼자 겨울의 삭풍에 서 있다.

엄마 손

꿈길 따라 엄마 찾아
밤마다 잠고대한다
머리엔 수건 불끈 동여매고
삼베옷 찌든 땀 냄새
거북 등 같은 엄마 손
귀엽다 머리 쓰다 듬던 엄마 손
머리에 흙 묻는 게 싫었지

밭고랑(이랑)에 흘린 땀방울
내 머리에 사각모 씌워
철드니 땀내 나는 엄마의 가슴에
단 한 번이라도 푹 안기고 싶데

모나리자보다 순박한 미소
자유의 여신상에
엄마의 모습을 조각한 조각자 심정
난 늘 마음에 새기며
엄마의 연꽃 같은 삶
그리워 그리워 꿈길을 헤맨다.

반성

그리움에 열어둔 사리문에는
제비도 까치 모습도 없네

꽃들의 대화
장미꽃 찾아오는 벌 손님

해바라기 꺽다리
나팔꽃 그네 만들고
민들레 종일 하늘보고 웃고 있네
잠자리 코스모스 그네 타고
잡초 속 반딧불 사랑놀이에
한여름의 정취 더욱 멋있다

나비가 봄 알리고
뇌성 소리 풍년 알리고
한잎의 낙엽이 가을 알리고
눈발이 겨울을 알리네

사계절 우리 인생 같구나
세월에 내가 도둑맞는 게 아니고
매미 소리에 오래 취해 있지 않았나
스스로 반성해 본다.

까마귀

까마귀 떼지어 날아도
충돌 없고 질서가 있어
훌륭한 지도자가 있나 보다
적막한 들판, 까마귀 비상이 멋지다

까마귀 싫다 마라
까마귀 지나간 들녘
봄보리 새싹 유난히 푸르다
안분지족, 누가 가르쳤나

사람 사는 곳 도둑 줄었다는 말 없고
불효자 늘어, 까마귀 검다 흉보지 마라
겉과 속 다른 백로 아니다

까마귀는 눈먼 어미 봉양 효조(孝鳥)라
심청이도 효조 본 받았나

가정교육 잘 받은 효조 있는 곳에

가짜 백로 오지 마라

아침마다 꽈악 꽈악 경고한다.

까치밥

가을 끝자락
감나무에 대롱대롱 매달린 감

부모 곁 떠난 자녀 생각에,
엄동설한 배고픈 까치 배려에,
전설 담아 차린 밥상

밥상 아래 장대 들다
배고파 오는 손님,
소식 전하러 오는 손님,
밥상 탐내다가 꾸중 듣고

선조들의 지혜와 상생하는 마음
삭막한 가지에 달린 달
감나무에 걸치니 걸작이다

가슴에 감성이 일렁인다.

꽃과 계절

남풍은 나무 흔들어 겨울잠 깨우고
개울은 조잘조잘
앞 뒷산 개나리 진달래 피우고
황소울음에 농촌 바쁘다

벌 나비 꽃 찾아
가는 곳마다 연정 뿌려도
목련꽃 곁눈질 없고

풍만한 여성의 가슴, 수국이
남정네 가슴에 불 지피고
산봉우리 흰 뭉게구름
매미 풍악 울려 만개한 장미꽃
연정 떠하네.

코스모스 요염한 몸놀림
고추잠자리 넋 잃고
북쪽으로 여행 가는 기러기

날갯짓에 묻어오는 국화향
산천은 월동준비를 한다

백설에 핀 동백꽃
붉은 입술 더욱 요염하다
꽃 속에 사는 인생
즐거움이로세.

꽃들의 시샘

벚꽃은 지조 없이 연서 막 뿌려도
목련은 순결 지키고
민들레는 날 쳐다보고
방긋거리네

개나리 질투로 노랗게
철쭉은 보류 통 입 다물고
꽃들의 향기에
나비 취해 춤추고
붕붕 대는 벌과
다툼 싫어 어디로 가시나

나비는 꽃보다
봄바람이 더 좋나 봐

꽃밭

봄햇살 듬뿍 받아
향기가 우주를 덮는 꽃밭
벌 나비 장터
지난 밤 보슬비에 꽃향기는 그대로
아지랑이 불러 자원봉사 요청한다

뾰족이 얼굴 내민 잡초
꽃 속에
있으니 잡초도 꽃이요
반딧불이 더 좋아한다

앞 다투어 피는 꽃
서로 엉키고 설켜도
아름다운 심성 다툼이 없다

벌 나비
이 꽃 저 꽃들 중매하고
듬뿍 받은 봉채

흥겨워 붕붕거린다
꽃도 방긋 웃음 짓는다

키 큰 해바라기 시비 왕따 없고
꽃밭 주인 욕심 버리니
해와 달 벌 나비
멋진 꽃밭 가꾼다

꽃향기

꽃향기

가득하니

담을 넘는다

강풍에 뇌성벽력 수천 번

꽃향기 진하게 물들여

벌 나비 배짱이 탓하지 않고

미덕의 향기 바람타고

공해에 찌들지 아니하고

까치 등 타고 견우성까지 퍼진다

여보…

낙락장송

빛 스며드는 하늘 쳐다보다가
분칠 없이 덕지덕지 늙은 자태
덥석 안아본다

"엄마다"

솔잎 떨어져 머리 쓰다듬고
솔 향내, 엄마 품속이다

노을지는 산마루에 우뚝 홀로서서
세상 걱정 다 하시고
가족 찾아 구슬피 울던
뻐꾸기 위로하며
달빛과 함께 깃드는 길손
투정 없이 달빛 가려 재운다.
엄마 닮았다.

겨울 칼바람에 상처 자국 없어도

인고의 세월, 속마음 드러내지 않아

쌓인 응어리 사리가 된

엄마의 일생이다

장송의 향기

북풍에도 멀리 멀리 퍼진다

내 고향

산으로 겹겹이 병풍 치고
산허리 휘감는 운무는 한 폭의 산수화
개울물 따라 올망졸망한 논
가뭄에도 풍년 기약한다

새들도 힘겹게 산마루 넘고
산수유도 봄소식 늦게 전하는 산골
아이 부르는 엄마 목소리
동네방네 메아리친다

개구리 구애소리에 새벽잠 깨우고
정자나무 매미소리에 오수 즐기다
장끼울음 선잠 깨
축 늘어진 황소 불알 안주삼아
막걸리 생각에 웃고 즐기던 곳

여름밤이면 성지산(聖智山)은
북두칠성 목에 걸고

반딧불이 달빛을 가린다

음식 내음 이웃 부르고
모깃불 피워
견우직녀 풍년 얘기
정도 밤도 깊어가던 곳

산허리 관통한 고속도로
약수터 물줄기 끊고
차들은 도망치듯 달아난다
청아한 새소리, 찌든 공해에 목쉰 듯 우네

훌쩍 커버린 집앞 감나무
어머니 추억도 감도 주렁주렁
장대 없으니 옛 인심 없고
밥상머리 회초리 동구 밖 비석들
내 마음 다짐시킨다.

덜컹거리던 소달구지 추억만 안고
떠나는 나
등뒤 산골의 매서운 북풍이
이방인 취급한다

넋두리

실개천 얼굴 주름

큰 강되고

눈썹에 내린 잔설

밤지나 온 산천 파 뿌리 되었네

아가의 뒤뚱 걸음마 박수받고

세월의 오리걸음 다들 관심 없다

마지막 입은 옷

스틱스강 배삯 주머니도 없다

남이 없는 내 삶

베짱이 문전박대 뒤늦은 후회

성삼문의 절명시(絕命詩)

밤새 나를 매질한다.

* 주 : 성삼문 절명시, 형장으로 가면서 읊은 시(詩)

노인老人

자기 그림자를 밟지 못하나

남의 그림자 밟으며 즐거워 마라

공명조(共命鳥) 근성을 버린

젊은이와 같이 사는 비익조(比翼鳥)다

남의 도움이 필요한 분재가 아닌

인동초다

사시사철 푸르고

바람막이 노송이다

그 그늘에 앉지도 못할 나무를 심고

대나무같이 마음 비우고 사는게

노인이다

* 공명조(共命鳥) : 하나의 몸에 두 개의 머리가 붙어 있는 새로 서로 질투하여 다른 머리가 독약을 먹게 해 같이 죽게 된다.

* 비익조(比翼鳥) : 암컷과 수컷이 눈과 날개를 하나씩 갖고 있어 서로 협조해야 날 수 있는 전설의 새

노인 훈장

부채는 여름도 겨울도 소용 있다
세월에 시든 꽃도 향기는 진하다

늙었다 말하지 마라
노력 없이 세월이 준 명예는 아니다.

삶의 순간
고통과 번뇌 생활의 지혜,
머리에 도서관이 있다

고목나무
그 풍상 몇 백 년
사람 한평생만 할 수 있겠나

아침 햇살도 좋으나
저녁노을 고요함도 좋다

젊은이 노인과 함께
성곽의 큰 돌 작은 돌
수천 년 간다

노인이 온길 갈길
젊은이도 같은 길 걷는다
옥에 흙 묻어도 옥은 옥이다

노인 훈장,
품위 있게 간직하세.

눈 내리는 밤

다정한 벗과

땅콩에 맥주 한잔

창밖

하늘에서 내리는 나비춤에

내 마음도 흥겨워

오염된 대지를 마음도 순백하게

삼라만상 내일 아침 걱정에

조용히 숨죽이고

낙락장송도 흰 눈 무게에 몸을 비트는구나

사람은 눈 위에 작심삼일 맹세 적고

이 순간 나비 되고 눈같이 순백하게

벗에게 권하는 술잔

백설에 씻어 전해본다.

늦은 봄

뻐꾸기 봄 갔다고
슬피 우네
진달래 철쭉꽃 져도
푸른 녹음방초 더 멋져요
훨훨 춤추는 나비도
내 마음 유혹한다

매미 소리 숲속의 정적 깨고
내 귀를 즐겁게 한다
국화꽃 계절 오는데
철없이 매미 베짱이 풍악에 취해
어느 집에 문전걸식 걱정된다.

님과 남

색동옷 입은 산
화폭에 담아
신혼부부의 불타는 열정으로
서로 애무한다

단풍잎 떨어져
땅에 뒹구는 낙엽
뿌리는 같아도 색색이 다르다

길가는 사람들 밟고는 귀찮아한다
사랑은 언제나 서로 못 잊어
눈물 흘릴 줄만 알았지

사랑은 허세였나
미풍에 떨어진
단풍낙엽은 님과 남 사이
변함없는 돌이 되고 싶다

단풍

꽃잎 떨어져
향기 잃어도
꽃잎이라 하고

만산홍엽
땅 위에 뒹구니
묵객 시인
낙엽이라 외면한다

세상인심
내년 봄 움트는 새싹의 밑거름
낙엽 은덕을 칭송하겠지

도둑놈(세월)

지팡이에 몸의지 뒤뚱거리고 있네
얼굴 실개천 줄음
큰 강줄기 되고
손등에 없던 파아란 강이 흐르네

말소리 커지고
앞 친구 얼굴도 희미해
분칠도 소용없다

욕심 채운 주머니
자녀들 투전판 되고
술잔 나눌 벗도 없어
인생에 왕복표 없으니 아쉽다

세월아 이 도둑놈아
건강도 희망도 사랑도 다 뺏어 갔구나
약도 필요 없다
남은 유효기간 석양 즐기는
여유라도 다오.

돌부처

비바람 스친 세월 얼마인지
불국정토 무슨 일 있었나

한쪽 팔은 누구에게 보시하고
부처님 두상은 어디 두고 오셨나
가부좌한 몸통 불상
108번 절하고
복타령에 부처님 무릎 베고 잠든다

이 도적놈아
마음에 중생도 없는 놈이
내 무릎, 베개 삼느냐
죽비로 내리치니
그 소리 천둥 같다

놀란 가슴
풍경소리에 마음속 고요를 얻고
부처님의 염화미소*에 합장 배례

중생 화두 품고 절간 나선다

* 말로서가 아닌 마음에서 마음으로 전하는 일로, 불교에서의 염화시중의 미소를 말한다.

동생 생각

문풍지에 윙윙 바람소리
조그만 이불 속에 발 여덟 개
이불 찢어지도록 서로 끌어당긴다

그 속에 유난히 눈빛 반짝이는 꼬마
체격은 작아도 이불 따먹기 가위바위보
양보 않는 꼬마

그 고집,
전국민주청년학생총연맹 배후 주동자로
사형선고 받은 후배들 보고는
너희들은 좋겠다는 말로 회자되고
긴급조치 1,2호에도 굴하지 않아
편모 애태우고 형제들 마음 졸였다

청계천 넝마주이 단무지 장사에도
정일우 신부 김진홍 목사
가짐 없는 큰 자유

이 세상에 실천하겠다는
모든 사람들의 기대버리고
봄바람에 떠나고 말았구나.

벌써 20년,
오늘도 용산 참사에 서민은 울고
피눈물 흘리는 철거민 그들
당신이 눈물 닦아주길 고대했건만

할 일 두고 가버린 님
그곳은 안녕한지 보고 싶다
안 간다고 그 고집 부려야지
꿈에도 보지 못하네

그립다는 생각에 눈시울만이.

* 1999.2.9. 제정구(빈민대부 소천)

둥지

주둥이 닳도록 쪼아 만든 보금자리
온갖 정성 다해 기른 정성은 온데간데없고
둥지를 떠나고는 눈길 한번 없어
이웃이 누군지 알지 못하는 사이 된 지 오래다

희미한 가로등 불빛에
보고 싶은 생각에 눈시울이 붉어진다

일편단심 민들레
부리 다 망가져
기다리는 세월에 날기도 힘들다

까마귀 늙은 어미 봉양
효조(孝鳥)라 부르니
까마귀가 부럽다

들국화

종달새 뻐꾸기 소리도 듣지 못하고
매미 벌 나비도 못 보았다

산천에 찬서리 내리는 날
사뿐히 낙엽이
곁에 와 앉는다
밤에 피는 분꽃 얘기 날 위로한다

너 마음 훔치러 짙은 향내
가을바람에 멀리 뿜어낸다
혼자 외로이 잡초에 섞여
철 늦은 꽃 피운다

지나는 묵객
청초한 자태 사군자에
한줄 멋진 시화를 남기니
철 늦은 가을이 좋다
들국화 인생 되고파

등대

바닷가 외로운 키다리
지친 새들의 쉼터
먼바다 응시한다

밤이면 눈에 불 켜고
길 잃은 자 구원의 손길
평생 그 자리 사람에 많은 교훈 주네

앞집 노파 등대 닮아
집 앞 의자 길손 위해 매일 손질
고운 마음 얼굴도 변했다

주머니 비어도
마음의 여유 행복 얻고
그 우뚝 선 모습
늘 나에게 말을 건다

철썩철썩 파도 소리

마음 각성 시키고
적선 공덕
인생길 가르쳐 준다
늘 엄마 마음

오늘도 내 마음
각성토록 철썩철썩
교훈 준다.

떨어진 풋감

꽃 속에 묻혀
먼 곳 떠나는 너
웃지나 말지
효자가 불효자 되었다

벌 나비 봄부터 애쓴 보람
지난 밤 떨어진 풋감

총명한 눈빛
무지개꿈 심어 놓고 바람처럼 떠난
스친 인연 텅 빈 새둥지 같구나
생각하면 눈물이 난다

꽃도 보지 못한 너
가을 수확 호박 한 덩이 없이
빈손으로 갔구나

새가 되어 창공 훨훨 날다
좋은 자궁 만나 환생하여라

철아
보고 싶을 때 하늘에 제일 빛나는 별 보고
외삼촌 웃으마

마지막 가는 날

평생을 애지중지 가꾼 몸
채 한 시간도 버티지 못하고
어디로 갔는지
한 줌 재만 남고
왔다 간 흔적 자연으로
가족 슬픔 안고 간다

내 걸어온 길
반추하며 회상할 자 없고
가슴에 가득찬 욕심
영혼이 있다면
윤회를 가슴에 품어
욕심부려 본다.

말의 향기

말, 말 많은 세상
말 향기 수만리 가고
말의 독은 칼이 된다

심산유곡 나비 따라가면 꽃 본다
훈훈한 봄바람이 꽁꽁 언 산천 녹이고
새 생명 움트게 도운다

입은 늘 꽃단장 시키고
혀끝에 나오는 독은 사리를 만들고
욕심 버리면 말이 향기 되어
마주앉은 이, 꽃다발 내민다

잡초속에 핀
난초들도
길손은 다 안다.

망각

나방은 번데기 시절

새는 둥지 생활

개구리 올챙이 시절 잊고

엄마 품 떠나 망각에 살고

대추나무는 그 씨를 뿌리에 달고 산다.

수구초심

음수사원(飮水思源)

회기본능

부모님 은덕 기억하자.

며느리

태초부터 흐르는 강물

이강 저강 합쳐 세월 따라 흐르니

어느 강 물줄기 구별 없이 한 민족

다른강 줄기로 흘러간 물 걱정에 밤새우고

합류한 물줄기에 관심 없네

과일나무 접목시킨다(영양번식 : 좋은 과일 수확을 위함)

내 집 번영 흘러온 며느리에 있건만

시집살이 10년 잊고

내 딸 걱정 며느리 홀대하네

자식 며느리 큰 강 이루어

자손 대대 고대광실 주춧돌 놓아준다

가화만사성

흘러간 강물

흘러온 강물 구분 없이

정성 다해야

풍성한 추수 기대한다.

무기정*(월이)

고요한 밤
달빛 이고 온 가짜 중
월이의 큰 뜻
헛보따리 메고 귀국한다

무기정, 소소강 뱃길 붓으로 조작해
풍신수길 꿈 박살내고
금수강산 삼천리 지킨 님
이곳 장상지재(將相之材) 자랑마라

위대한 님 수백 년 속시 갯벌에 수장시킨 죄인들
당황포에 큰북소리 다시 울리고
두호리 발길 머무는 성지
늦게 각성한 후손 당항포 승리
님의 향기 천리향 되어 삼천리 방방곡곡 퍼진다.

* 경남 고성군 읍내에 있던 주막으로, '월이'는 구전에 의하면 임진왜란 당시 그곳 기생이었다.

미소

조용한 절간
대웅전 문 열면 극락세계
속세 보따리 풀어헤치고
부처님 흉내 가부좌 한다.

대웅전의 성스러운 향내
청량한 바람에 실어오는
새소리에 깜빡 졸다가

스님 목탁 소리에 놀라
부처님 미소를 본다

염화미소, 뜻 안다고
일주문 문턱 닳도록 다닌다고
업장 소멸 될까
꽃밭에 뒹군다고 꽃 되겠나

물안개처럼 피어오르는
등짐 무겁고
고승의 법문도 무겁다.

민들레

돌 틈 비집고 마련한
초가 단칸
민들레의 삶.

전쟁터 님 소식
이른 봄 오실 길목에
꽃방석 만들어

벌 나비에게
가슴에 담아둔 님 소식
물어본다

부드럽고 온화한
민초들의 강한 생명력
님 향한 일편단심
하늘 보고 기도하다가
앉은뱅이 망부석 된다

봄이면 강풍에
자녀 멀리 멀리 시집보내
님 소식 기다리는
일편단심 민초들의 꽃
민들레.

박주산채 薄酒山菜

술 있으니 안주 생각
술잔 채울 욕심에
안주 생각한 적 없고

세월에
깡술에 취한 옛일들 술잔에 가득
술 생각에
산채 안주에 대취하고 싶어
광주리 메고
나물 캐러 고된 길 하루 종일 걸었네

서산에 낙조 눈부신데
텅 빈 광주리 회한만 가득
참 무겁다

단풍주 담아 서산의 낙조
낚싯줄에 걸어두고 즐기고 싶다만
바람에 스쳐가는 세월
대작할 벗 없으니 후회스럽다

벌과 나비

해 뜨자
벌 나비 꽃밭에 문전성시 이루고
꿀짐 지고 귀가길 재촉한다

벌 장단에 맞춰
나비 너울너울 춤추고
꽃은 방긋거리며 유혹을 한다

벌과 나비
이웃집 중매
임도 보고 뽕도 따고

꽃들은 고마워
내년엔, 더 넓은 꽃시장 약속하며
중매쟁이에게 살포시 미소 짓는다

가을 풍년이로세
사람들이 고맙다고 인사한다

벌써 가을

머리맡에 둔 안경 찾아
손 더듬어
보청기 끼고 텔레비전 건강채널 찾는다

비가 올려나
방문할 병원 수만 늘어
하루 종일 전화 소리에 신경 써도
소식들 없다
전화 걸기도 두렵다

지팡이에 의지한 몸
벌써 나무 끝자락에 매달린 단풍
석양빛이 황홀하다

스스로 위로하는 말
영접에 1~2년 앞서거니 뒤선들
신경 쓰지 말라던 말
나이 많은 분들 말짱 거짓부렁이다

봄여름 긴긴 하루
나는 무얼 했나

벗의 소천

찬 바람 부는 겨울보다
늦가을 복 받았네

아침 까치 전한 소식
뻐꾸기 슬퍼해 주네

당신의 삶 당신의 향기 그립고
마음에 평온과 안식을 주는
통소 소리를 기억하며
조용히 눈감고 추억을 회상한다

꽃피는 내년 봄에는 오실는지
추녀의 낙수 소리 갈 길 걱정된다.

엄마 닮았네

강 한복판에 웅크리고 앉은 돌
온갖 시련 겪으며
오늘도 그러고 있네
비 오면 흙탕물마다 앉고
좋은 날 그 늠름한 모습
엄마 닮았네

천년의 세월
변함없이 거기 있네
모난 마음 둥글게 둥글게
변함없는 모성
만고의 충신
벗 되고 싶다.

벤치

가을의 따스한 햇살이
뭉게구름 제치고
근심 걱정 찌든 얼굴 비추고
고추잠자리 춤으로 위로한다

알맹이는 어디에 두고
껍데기는 간판 응시한다
시내 행
장례식장 행
나란히 앉아 응얼대는 말
나비는 알아 듣나
내일도 마지막 잎새 보기를 갈망한다

백의의 말씀
생과 사 대수냐
내가 지고 온 삶
세월아 말해 다오.

봄 단상

아지랑이 안마받으며
양지바른 곳에 등대고 누우니
산은 병풍 쳐 바람 막고
지나는 구름 솜이불
파릇한 풀냄새 꽃 냄새
조잘대는 산새들
봄나비 부채춤에 멀리서 들려오는 소 울음소리
사르르 눈이 감긴다

짧은 삶
천년 계획 일장춘몽
절로 웃음이 난다
매화꽃 진달래 피고 지고
또 봄은 오건만
개울 건너지 못한 우뚝 선 산
세월 재촉 않으니 몇 살이나 될까
개구리 한 마리 멋지게 점프하며
개골개골 노래한다.

부처님 오신 날

하루라도 경건한 마음
속세에 찌든 마음 비우고 산사를 찾아
부처님께 합장 배례

손끝에 비는 마음
평소보다 몇 배 무겁다.

부처님 미소에 평정심 찾고
마음속 가득한 잡념
법고에 깨우치고
껍데기는 향불에 태운다

죽비에 매 맞은 영혼
연등에 실어 불국정토로 보낸다.

흐르는 계곡에 비친 달 모습에
부처님의 염화미소 언뜻언뜻 스치고
스님의 법문 담아 간다

북극성

늘 나를 인도한다
길 끝나 돌아서면 그 자리에 또 있네
꽃 피고 새들이 노래하는 곳
덥고 추운 곳도 세월은 간다

세월 따라
북극성 따라
어두운 밤길 북극성 따라
길 따라간다

북극성 그 자리
엄마 늘 그 자리

분재

꽃가마 태워
예쁜 용기에 이사 올 때
희망의 미소 지으며 뽐냈지

독수공방
허기와 물 한 모금, 늘 갈증 느끼고
쇠줄에 묶여 주리 틀리고
사지도 잘린다.

주인의 손에 든 고문기계
작품이란 미명하에 공포와 고통으로
희망은 죽고 싶다

우주를 향한 나무의 꿈
자연에 도전하는 분재가 절규한다

벌 나비 속삭이고
비도 양손 벌려 흠뻑 맞고

하얀 눈으로 멋진 단장 하고 싶다

분재라는 말, 잔인하다.

비석

나란히 세운 비석 둘
어머니와 아들
무슨 사연일까

열녀비는 단지(斷指)*하여
남편 병 구환하고
효자비는 편모슬하 호랑이 어머니
아들 성년 후에도 자식들 앞 매질에
매 맞은 종아리보다
늙은 어머니 팔 걱정하는
타고난 효성으로 주위 분들
감동시킨 효자로다

이십대 과부 시집가면 되지
하늘의 달 안고 태어난 아들
인연 못 끊었나

부모 팽개치는 요즘

밥상머리 회초리,

오래도록 교훈 삼자

* 손가락을 잘라 부모와 남편이 위독할 때 피를 먹게 한다.

산수유

봄 전령 시샘해
옷 벗고 꽃 피우네

봄 지나
개나리 고개 숙이나
산수유는 뽐낸다

뜨거운 태양 파아란 하늘
가지마다 빠알간 진주 주렁주렁 달아
세월을 즐기고 청춘을 유혹한다

다음 봄엔
떨지 말고 옷 챙겨 입고 올까나

석양

먼 산 아지랑이
어제 뻐꾸기 울었건만
손등에 푸른 강이 흐르고
코스모스 잠자리 유혹에
밤사이 백발 되어
기러기 떼 북쪽으로 간다

추수가 끝난 황량한 들녘
우뚝 선 고목 새들도 떠나고
산 정상에 올라 고함 질러도
메아리 없고
무지개 좇아 허우적댄 허송세월
벌써 석양을 마주하니
마음 따로 몸 따로
세월의 열차는 쉼 없이 질주한다
백 년도 힘든 삶 천년 욕심에
세월에 도둑맞은 청춘
약봉지만 남았네

유유히 흐르는 강물에 욕심 버리니
황혼의 행복도 새롭다.

세월

보소, 젊은이
뒤뚱뒤뚱 오리걸음
흉보지 마라

사계절
나비처럼 훨훨 날고
매미처럼 노래 부르고
개미처럼 열심히 일하고

귀뚜라미 소리에 거울 보니
머리카락 백발 되고
출렁이는 물에 비친 달, 내 모습
세월에 짓눌려 뒤뚱인다

그대의 따스한 눈빛이 나를 위로하며
그대가 받을 보상이다
꼭 기억하세요

함께 늙는 벗

이른 봄 산수유 아래
쟁기질 하는 노인

늙어빠진 앙상한 암소,
가는 세월에 찌든 노인
그렇게도 닮았다

쉬어 가세나
이 놈아 귀 먹었냐 힘드냐,
나도 힘드네

인고의 세월
너도 나도 늙었네

종달새 노래 소리에
온갖 시름 다 잊고
소 울음소리는
세월의 짐을 토한다

들녘의 아지랑이는
그래도 우리를 시샘하네

수국

인생의 꽃,
흰색
사춘기에 피어나는
순결 자랑

청색
시집가 신혼의
젊음 즐기고

붉은색
중년 부인 아름다움 과시
강한 정열 태양을 태우고

보라색
인생의 노년
근엄함과 고귀함
외모로 풍긴다.

수석

간밤 폭우에 들뜬 마음
밤잠 설치고

굽이치는 강물에 쓸려가는 수석 환상
급물살에 겁 없이 뛰어들고

흙 속에 빼꼼이 얼굴 내민 여인
반나절 땀 목욕에 실망이 크다

단비에 철 늦은 농사일
돌 줍는 사람들
농부들 건달이라 눈총 준다

하루 종일 돌 찾아
달빛 받아 끙끙대고 지고 온 돌짐
벗할 돌 하나 없다
쓸 만한 수석 없으니 세상사와 같다

탐욕에 괴로운 인생사
자연은 몸살을 앓는다

소동파의 소유동천석(小有洞天石)*
갖고 싶은 명품석 마음에 두고

소장한 수석 많다고 자랑 마라
미인 보는 눈, 사람마다 다르다

내 마음에 자연 없으면
수석가가 아닌, 돌 줍는 사람이다

개천에서 주운 돌
머리맡에 두고
새소리 물소리 들으니 즐겁다

* 산봉우리가 9봉으로 돌에 구멍이 있어, 향을 피웠다는 명석(名石)이다.

수호수守護樹

마을 북쪽에 우뚝 선 나무
마을의 수호신
수령은 수백여 년 큰 우산을 펼친 듯
참 멋있는 나무
계절 없이 찾는 사랑방

옛 얘기 옆집 부부 이웃마을 세상 얘기
꼬마들 놀이터
가만히 앉아 있어도 세상일 귀동냥 한다.

철따라 새들이 날아들고
매미소리 들으며 땀 식히고
달빛 반딧불 추억에 수백여 년
마을 사람들 삶이 함께 숨 쉬던 곳

어느 폭풍에 큰 팔 다쳐
마을 사람들 정성 끝내 외면하고 형체 없어지니
추억으로 흐려져만 간다.

정자나무 심은 할아버지 손자, 백마 타고
왔다가 조용히 가버린 제정구길*,
나무도 고사했다는 입소문 도네

정자나무에 올라 제일 귀염을 부리던
그가 없으니 재미없어 가셨나 보다.

눈 감으면 지난 세월 그리워 눈물 난다
입소문으로 후손들의 얘깃거리 되겠지

* 경남 고성군 대기면 척곡리에 있던 정자나무 제정구 길은 선생(빈민운동가, 전 국회의원)의 고향길을 뜻하며, 근간 고인을 기려 명명하다.

순리

해는 땅 주인 가리지 않고 대지를 비추고
흐르는 물 산이 막아도 서둘지 않고 바다로 간다.
나비는 고방 없어도
봄 되면 봄소식 전하고
이것도 저것도 내 것이요
내 곳간 채울 욕심에
밤잠 설쳐 세월에 도둑맞은 청춘
욕심에 눌려 껍데기만 남아 먼저 가네.

바보야!
산은 산새들 잠자리 시중에
새들은 아침 노래 불러 산 잠 깨워 보답하고
적선 공덕 없는 너 슬퍼할 자도 없다.

아내에게

여보,
작은 어깨에
허리 굽도록 등짐 지워
겨울 산 계곡물에 담근 손
물마를 날 없이 고생한 당신.
무지개꿈 찾아 헤매는 배짱이에게
온화한 눈빛 거둔 적 없는
꽃 같은 여인

북극성 늘 그 자리에
때로는 우뚝 선 산,
실망하는 나를 위로하고
강물 되어 변함없이 흐르고
마음의 때 씻어주는 당신.

은행잎 노오랗게 물드는 날
나는
당신이 만든 무궁화 꽃방석에 앉아

석양에 홍조 띤 아름다운 당신 모습에 취해
거친 손 살며시 잡아봅니다

향기에 취해 난 어린애가 됩니다
여보, 당신에게 장미꽃 꽃다발을 바칩니다.

안식처

가슴에 슬픔 안고 왔다가
추억만 갖고 가는 곳

사람 모이는 곳엔
북 치고 장구 치는 소리 요란하다
수많은 영혼 말 한마디 없고
조용한 산골 새소리만 구슬프다

살아생전 부모님 요양원에 버린 불효자
살아생전 구두쇠, 사후에 꽃다발 바치고
묘 비석 최고품 주문하니
부모님 사후에는 모두 심청이다

묘 비석이 크면 무엇하나
살아생전 손 한 번 더 잡아드린 자녀
복 받겠지

애완동물

꽃인 양 가슴에 안고
냄새 맡고 입을 맞춘다

남에게
내 새끼,
우리 딸 아들 소개한다

사람이 시중들고 눈치 보고,
개 팔자 상팔자라던 옛말이 생각난다

사람 품에 안긴 동물이
땅에 있는 놈 개로 본다

애지중지 기르고
짐승과 입 맞춘다고 사람 되냐
호박에 줄긋는다고 수박 되냐

어느 노파 시중 농담
피임 잘못 지적한다
지나친 애정표현 민망하다

애완동물은 동물로 기르면 좋으련만
동물과 내 자식을 촌수로 호칭하니
눈감고 조용히 생각해 본다

어린이날

하늘은 해맑고
대지는 햇살을 듬뿍
형형색색의 꽃들이 물결치는 날,

천진스런 꼬마 풍각쟁이
떼쓰는 모습도 파릇파릇
속살 내미는 새싹 같다

빙글빙글 돌아가는 놀이기구
꼬마들 마음 빼앗아 가는 풍악 소리 함성
엄마 아빠는 꼬마들 추억을 만들고
지난 내 추억도 봄바람에 스쳐간다

할아버지 할머니 품에 안긴 손주들 보며
먼 이국땅에 있는 내 보물 생각에
슬그머니 시샘도 난다

사랑스런 모습, 목마 탄 어린이
함박웃음에 세상의 미래를 보는 즐거움

꽃밭 손질, 봄부터 하루의 추억에
교훈을 얻는다.

어머니

고운 모습
그 큰 음성 어디서 나오나
산으로 병풍 친 산골
앞산 뒷산 땔감 베는 불청객에게
호통치는 소리,
새들도 울음 그친다.

사각모 쓰던 날
가슴속 깊이 눈물 감추고
모나리자 미소 짓던 치마 두른 남자

고맙다는 말씀에
나보고 고생했다고
아버지 몫까지 해주신 여장부
바꿀 수 없는 그 자리

흘러간 세월에 어머니의 추억은
늘
마음 한구석을 채우기도 하고
텅 비우기도 한다.

엄마

아
보고 싶다

울 엄마

아버지는
희수에 철든다

연탄

심한 천연두
착한 마음씨
가족들 생각에
살신성인
엄마 닮았네

영전에

꽃 속 미소 띤 영전
아련히 떠 오르는 추억
제상에 차린 풍족한 음식
향 피우고 한잔 술에 서글픈 마음

영전에 둘러앉은 부리부리한 눈망울
평소 바쁘다는 핑계
전화 한 통 없어도
오늘은 조의금통 지키느라 정신없고
효자인 체….

홀로되신 어머니 더 짐 되겠지
부부는 천생연분
부모님의 은공에 후회 없도록….

욕심 버리고

날 팽개치고
그림자 보게나
쟁기 모는 농부 황소길 안다

혼 없는 허상 큰 곽 속에 간들
돈 명예에 종 되지 마라
삶도 일장춘몽
오솔길 무덤가고 싶었겠냐

영겁에 티끌인 것을
무덤 앞 큰 비석
시든 꽃, 화병 필요 없다.

고대광실 옆집 그분
문안 갔더니 아직 소식 없단다

하늘 보며 바람처럼 사는 그대,
그림자는 늘 그대 뒷모습 보고 있다.

은행나무*

도포 입은 선비
연산군 무오사화 피난길에
도포자락에 넣은 은행 한 톨
산골에 심어
은둔자의 마음 아는지
속은 검게 불타고
그 기상 하늘을 찌르고 있다

수령 수백년
흉년든 해
배고파 우는 어린애의 어머니
나무에 소원 빌어
나무에 젖꼭지 주렁주렁
지금도 그 젖꼭지 남아 있다

분유 없으면 지금도 어린이들 젖줄
산골에 나무 심어 마을 이루고
사람 터 마련하자

은행나무 수명 이삼천 년

천년의 역사를 더 간직할 나무

경건한 마음이 앞선다

* 경남 고성군 대가면 척정리 척곡 은행나무(수령 500년 이상) 1499년 무로사화 낙향선비 제철손 식수했다는 전언.

이별1

꽃 한 송이 영전에 바치며
향 피우고 술 한 잔 권한다
꽃 속에 파묻힌 친구,
잔잔한 미소만 짓고
소복한 여인 감춘 슬픔 아는지
무심코 뱉은 야박한 언사(言辭)
마음 슬프게 한다

겹겹이 쌓이는 조문객 술잔에
그대는 꽃으로 피어나고
이승과 저승, 만날 길 없어 애달프다

내 머리에 내린 백발
서산대사의 해달시 〈인생〉
몇 소절 생각난다

"가진 것 많다 유세 떨지 말고
명예 얻었다고 목에 힘 주지 마라
잠시 다니러 온 이 세상"

존경하는 벗이여
좋은 곳으로 환생하소서

이별2

숨 가쁘게 달려간 항구
님 실은 배는 떠나고
넋 놓고 먼 지평선만 바라본다

티격태격 세상살이 깊은 정 들고
님 떠난 자리 엄마 가슴보다 크네
그리움이 가슴에 구멍 내고
파도치는 바다 넘어
님 소식 기다려도
삶에 찌든 인연 끊어 알길없다.

인생

봄
놀고 싶고 꽃도 보도 싶고
간다는 말 없이 가버렸다

해는 중천에 떠
땀 식힐 틈도 없이 바쁘기만 해

들녘 추수철
해는 서산에 턱걸이하고
산은 색동옷 입고
북쪽으로 날아가는 새떼들
찬바람을 몰고 와
빙판 무서워 창밖 세상 구경만 한다

찾아올 손님 기약 없어
추억의 모자이크
매일 먼지 털고 있다

인생이란

사랑에 얻은 고운 씨앗

아장아장 걸음마에 모두 즐기고

엄마 손 잡고

출랑대고 산 넘어 외가 가던 길

태양 중천에 뜨니 반나절 대문 밖 거리

이글거리는 태양

높은 하늘 뭉게구름 위를

성큼성큼 걸었네

봄 여름 지나

고목에 풀벌레 새소리 사라지고

상큼한 봄바람이 스쳐 간 것도 모르고

이제 고승 흉내 눈 감으나 뜨나

희미한 추억 깜빡깜빡

아침에 나간 산 너머길 석양 앞세우고

세월의 무게 지팡이에 몸의지

어기적어기적 낙엽길 땅만 보고 걷는다.

인연

꽃밭에 씨 뿌려
아침 햇살 밤이슬 맞으며
정성들여 가꾼 꽃
백마 타고 온 기사, 꽃을 꺾어
꽃밭 주인에게 감사한 마음 전한다
견우직녀성 길 축하하며 꽃길 약속한다

주례사의 좋은 말씀
마음은 먼 곳에 가 있네

예식장
둘만을 위해 모든 인연 끊고
오순도순 밭 갈고 씨 뿌린 인연도 외면한다

아무리 아름다운 꽃도 십일홍이고,
늦가을 나뭇잎처럼 시들어 버린다.

인연으로 뿌린 인연 경시마라

자기 분수

하늘 주인 없어
새들이 마음껏 즐기고
바다는 경계 없어 고기는 제멋대로
바람은 늘 산 넘어 소식 몰고 온다

땅 주인은 태초 하느님
늘 부모 가슴에는 자비를 품고
자녀는 마음에 고방 털 도둑 생각

세상사 탐낸들
주인은 따로 있네
마지막 빈손으로 가는 길
부질없는 욕심
물 한 컵 못 마시고 가네

자화상

눈은 초점 잃고
입은 비틀어 졌네
얼굴에는 심술만 덕지덕지
내 삶이 후회되네
마지막 날 참회하는 "나무아미타불"

도솔천 갈까
진정으로 오늘 하루라도
각성하자
"먹 싼 종이 먹내 나고
향 싼 종이 향내 난다"
아맨.

잡초

산천에 구색 맞추고
돌봄도 없이 잔설에 강한 생명 잉태하고

어눌한 너 있어
자연은 더욱 아름답다

꽃 속에 있으면 꽃이요
풀 속에 있으면 풀이로다

아름다운 산천, 낮에는 해 바람이
밤에는 달 별빛이 차별 없이 돌보며

자연이 사람을 가르친다

잡초도 화분에 심으니 멋진 난이로구나

장기표 선생을 생각하며

호랑이 없는 곳
여우가 판치는 세상
우리와 함께 강강수월례 춤추던 그님
우리 사이 견우직녀 되었네

귀 막아도 들리는 평생 외친
민주화 자아실현 특권 폐지
까마귀 떼 모인 곳 백로 한 마리
껍데기 물러가라 꼿꼿한 자세
법복 매질하던 추상 같은 그 음성
청렴
정직
솔선수범
눈 내린 대지의 설경과 같은 삶
목민심서의 율기(律己)
화두 삼아 평생 자기를 담금질한 삶
사랑
자비

인(仁)

경계를 거침없이 넘나들며

억수 같은 빗속에

상대방에 먼저 우산 내밀던 삶

진흙 속에 핀 연꽃

꽃은 스스로 향기를 자랑 않고

바람이 그 향기를 전한다

강한 외모 속은 텅 비운 대나무

님 닮았네

그 그리움 퉁소 만들어 님 소식 방방곡곡에 전하며

울고 싶다

눈물이 난다

두고 간 보따리 너무 무거워 옮길 자 없으니 더 애 닮다

세월이 가도 우리와 함께 한 삶

우리의 꿈속에 님은 영원하리라

님 찾아 덕천서원 남명 조식 선생 뵈러가니

수백 년 된 은행나무 소슬바람에 님의 음성 전해 들었소

아 그립다

참 보고 싶다

2025. 7.

장군바위*

지리산 끝자락 낙남정맥이 머문 산
우뚝 솟은 두 봉우리 부부였나

백운산 485㎡
선비의 상투 같아 상투바위

옛날 천지개벽 사각돌통 한 사람 피난처
부봉은 벼락 맞은 큰바위 죄명은 모르오

마주 보는 성지산 392㎡
치마 속에 장군바위 숨겼네

신선이 바둑 두고
호랑이 놀다 간 바위
장군바위 적토마 타고 온 장군
쉬었다 가다가

말은 돌이 되어 긴 세월

논바닥에 코 박고 있네

성지산 정상 북두칠성은

밤마다 적토마 타러 올 님의 길 안내

민초들 목마르게 기다린다

* 경남 고성군 대가면 척정리 소재 성지산을 둘러싼 전설을 노래한 시

장승

숱한 세월 묵언 참선
내 마음 숨기고 장승 앞을 지난다
셀 수 없는 세월 표정은 그대로
별말씀 없다
영겁의 세월
지나는 길손 복 빌어 주신다니
장승 닮고 싶구나

귀갓길 장승 앞을 지나는 마음
아침 약속 내일로 미룬다
나는 딴전 피우며
못 본체 지나간다
언제 철 나려나

젊음(용기)

녹음 짙은 계절
매미 울음소리 시비 거는 자 없다
젊은이 목청껏 외친들 탓할 사람 없다

아침에 뜨는 햇살
그 열정은 젊음이다
황산벌, 신라의 관창과 백제의 멸망
4 · 19,
6 · 10 항쟁
살아있는 정의로움
시든 풀잎 혼 없는 삶

젊은이들의 행진
나라를 구하는 힘이다
기백 없는 젊은이
자신을 위해 내일을 위해
진실을 외쳐라
젊은이들이여

청계천

서울의 하수구 청계천
이곳저곳 주은 판자로 얼기설기 꿰면 집
이웃 부부의 오순도순 정담 다 듣고
서로 즐기던 보금자리

판잣집 내 집 있어 잠자리에 근심 없고
힘든 하루 이웃과 나눈 별빛 피로 풀고
서로 허기진 배고픔에 콩 하나로
정 나누어 먹고 허기 채우던 청계천 생활
문밖이 화장실 삶도 편안했지

몽둥이 든 철거인들과 처절한 싸움에
애환 깃든 정든 곳 삶터 잃고
새 떼처럼 흩어졌네

이제는 서울의 명소 물에 고기가 노는구나
판자촌은 역사의 추억으로
정 많던 이웃들 60년대의 역군들

안부 궁금하오
함께 이룩한 오늘의 풍요로움
좋은 추억으로 간직하시며
건강하세요.

초행 初行

멀고 먼 초행길
애절하고 구슬픈 산 자들의 영가에
야속한 동행자는
청산도 둘러볼 틈 없이 길 재촉하는구나

이 길 돌아온 자 없으니
더욱 서럽고 외롭고 무섭다

지나는 스님 장삼 붙잡고 통사정하나
평소 업보에 핀잔만 들었네

애지중지하던 짐 보따리 하나 없이 가는 길
탐욕에 남 맘에 대못질 하고

예고 없는 이 길, 후회한들
산 자에 알릴길 없으니 더욱 애달프다

사람아 선행하라
먼 길 떠날 준비 잘 하게

추억

비속에
뒤뚱대는 걸음
마음에도 비가 내린다

병원 복도를 거닐며
당신의 모습을 보면서
행복한 마음 가슴에 새긴다

백 년도 못 사는 삶
천년 걱정에 밤잠 설쳤네
꿈은 간곳없고
세월에 청춘만 도둑맞았네

알맹이 없어도 변함없는
양파가 되고 싶다.

출근길 (희망)

옷매무새 고치고
꿈 이루러 간다
마음속 높이 매단 해
항상 웃음으로 삼킨다

내일을 위해
가슴속 깊이 담아둔 나만의 희망
토할 수 없어 답답하다

아내와 오붓한 밥상
구수한 된장국 냄새에
힘든 하루, 사랑으로 위로받는다

큰 봉우리 향해 다가가는 꿈
즐거운 출퇴근길
동료들의 배려
아내의 미소에 감사한다.

탐욕

산에 오르면
더 높이 오르고 싶다
세상 풍경이 발아래 읊조린다

정상 욕심을 향한 호연지기
꽃 한 송이 꺾으면
산천의 꽃, 죄다 꽃다발 만들고 싶다

새를 위해 남겨둔
까치밥도 탐낸다
벌 나비 강산의 꽃 독식하지 않고
새들도 창공을 다 가질 수 없다.

들불(野火)이 아무리 세차도
모든 씨앗 다 태울 수 없다.

배낭 속 탐욕 버리고
석양의 멋 즐기면
하산도 즐겁다

행복

무지개 쫓아 하루 종일
다가가면 저 멀리
돌아갈 집 있어 행복하다

곁에 형제가 있어
좋은 일 궂은일 티격태격
같은 밥그릇에 밥 비벼 먹고
'조식의 칠보시(曹植 七步詩)'
생각난다

전화 걸어 안부 묻고
농담하는 벗 있어 행복하다

친구란 두 신체 깃든 하나의 영혼이라는
아리스토텔레스의 말 떠올리니
오늘도 안분지족(安分之足)에 행복하다

회상

굽이굽이 산길 돌아
안개 자욱이 꽃 피고 새 울던 엄마의 자궁

꽃 속에 불어오는
산골의 향긋한 풀냄새
엄마의 체취가 느껴진다

세월에
옛 모습 그대로 나만 늙었나 보다

술잔에 세월 담아 허송세월 일장춘몽
앞산 단풍도 소리없이 진다

청춘은 마음에 머물고
몸은 지팡이에 의지한다

회포

끝없는 번뇌도
술 한 잔에 씻어버린다
격식 없는 벗과 마주 앉은 대폿집
인생의 땟자국 덕지덕지 쌓인 곳

술안주는
친구들 안부
자녀들 소식이네

지나간 좋은 추억만 술잔에 담고
가슴에 담아둔 껍데기 얘기는
안주로 꼭꼭 씹어 삼킨다

철들었나 봐
호탕한 웃음에 석양을 감추고
세월의 무게를 느낀다

친구야
자주 만나 옛 애기로
속풀이 하세나

후회

방문 여니 예쁜 꽃 한 송이
마음의 사리 품고
민들레 되었네

노오란 방석에 미안한 마음,
주춤거리며 앉아
세월에 거친 손 살며시 잡아 본다

인품과 향기에
무지개 쫓아 헤맨 일장춘몽
용서를 빈다

배짱이, 감나무 주렁주렁 달린
감보다 많은 허물 아니하고
꽃송이 내미는 임
촛불에 비친 모습 선녀 같다

앞산에 올라
불타는 석양, 함께 감상하며
마지막 폭죽놀이 구경하잔다.

2부
수필隨筆

겸상

 겸상이란 용어는 60·70년대 생활을 안 해본 젊은이는 잘 모를 거다.
 요즘 용어로 식탁(테이블)에 밥을 함께 차려 먹는 것이다. 60년대에는 각 가정에 상 없이 마루에 대충 음식을 놓고 식사하는 가정도 많았다.
 조금 형편이 좋은 가정에서는 할아버지와 할머니 겸상 부모님 겸상 자녀들 별도로 음식을 차려놓고 식사를 하며 이 밥상을 겸상(함께 밥먹는 상) 이라 한다.
 한 가정에서도 식사하는 겸상의 서열이 엄격했다.
 우리 어머님들이 농번기에는 아침 점심 저녁 세 번 상을 차리는 것도 힘들었겠지만 중참(세참, 간식) 점심 전 저녁 전 일하는 분들의 허기를 달래기 위해 음식을 해 일터로 보내야 했으니 라면도 없는 때 여성들의 고생이 미루어 생각된다.
 식사시간에는 좀 까다롭다 할까 어쩌면 지켜야 할 식사 예절이 있었다.
 ① 가족 중 제일 어른이 수저(숟가락)를 들지 않으면 기다려야 한다.
 ② 식사하면 상에 있는 간장 종지의 간장을 한 숟갈 먼저

먹으라고 한다.

 흔히 요즘 말로 식욕을 돋우는 거(애피타이저)로 음식을 허겁지겁 먹지 말고 위에 신호를 보내고 음식을 먹는다는 신호다(배탈이 나지 않도록 예방 하는 것).

 ③ 식사 중에는 말을 삼가 해야 한다.

 귀한 음식에 침이 들어갈 수도 있고 입에 있는 음식이 나오면 추하다는 의미도 있겠지.

 ④ 밥상에 떨어지는 음식은 반드시 주워 먹어야 한다. 농사짓는 사람들의 노고를 생각하라는 것이었다.

 ⑤ 음식은 조용히 씹어 먹어야 하는게 예의다. 봉건사회 어른들의 권위는 대단하였으며 TV도 라디오도 없던 시절이라 밥상머리의 교육이 유익한 참 교육이라 생각이 든다.

 그때는 어린 마음에 음식을 앞에 두고 기다리는 것은 짜증스러웠으나 음식에 대한 소중함과 밥상머리 교육이 오늘의 사회생활에 큰 도움이 되고 있다.

 어떤 가정에서는 손자들 귀엽다고 어른들 상에 겸상을 시켜준 경우 어른 상에 있는 맛있는 음식을 꼬마가 먼저 먹으면 옆에 있는 부모님의 꾸중을 듣기도 했다.

 요즘 우리 자녀들은 식탁에 앉으면 떠들고 풍족한 음식에 아이는 더 안 먹겠다고 울고 부모는 더 먹으라고 달래고 새로운 밥상 풍경이지만 이제 나이 드니 떠들썩하던 밥상 생각이 그립다.

추수 끝난 들녘에 온갖 새들이 떠난 적막함이 흐르듯 아 아내와 나 둘만의 겸상에 산해진미가 가득 올라도 음식 탓만 하고 떠들썩하던 밥상이 삶에는 보약인 것을 이제 늦게 알게 되었다.

지금도 겸상할 수 있는 상대가 있다는 것은 주님이 주신 큰 은혜. 세월이 흐르니 밥상에 혼자 식사하는 분도 많이 있다. 이전에는 겸상이 개인의 행복인 줄 몰라 이제 늦게 철든다.

요즘 욕심이 생겨 "겸상하는 부인 보다 저를 먼저 주님 곁으로 인도해 주십시오" 아멘

내 탓이요 匹夫之勇(사랑하는 아내에게)

　대학 후배들의 입학식 날 이00학생 가정과 수석 입학을 축하합니다. 우리의 긴 인연이 시작되었다.
　졸업 때는 대학의 조교로 그녀의 앞길은 대로였으나 사랑이란 못난 사람의 감언이설로 한 여성의 뛰어난 재능을 사장시킨 죄스러움이 후회스럽다.
　새들도 깊이 잠든 시간 식구들 잠 깰까 봐 도마소리도 조심조심 관악산 계곡 얼음 밑으로 흘러내리는 엄동설한의 차디찬 물에 대식구(9명)의 뒷바라지에 고운 손 거북 등 되고 철 따라 멋 부리던 학창시절의 예쁜 얼굴에 분 한번 바르지도 못하고 벌써 석양을 마주했다.
　바람이 불면 바람막이로 여름에는 부채로 힘든 일 앞장서고 가정의 온갖 걸레질도 자청한다.
　폭우가 휘몰아치는 날에는 강 복판에 웅크리고 앉아 있는 큰 바위처럼 흔들리는 가족의 마음 붙들고 사막 건널 때는 낙타가 되고 오아시스도 찾고 때로는 맹자의 어머니 같은 지혜, 노자의 수유칠덕(水有七德 : 겸손, 지혜, 포용, 융통성, 인내, 용기, 대의)를 겸비한 아름다운 여인.
　큰 대들보를 서까래로 만든 것은 내 탓이요 내 탓이다.
"초가삼간 안분지족 가화만사성" 당신의 넓은 도량과 가족에 대한 큰 사랑을 잘 알고 있습니다.

　외모는 사시사철 푸르나 속은 텅 빈 대나무 그 마음고생 잘 압니다. 요즘 빈속은 약봉지로 채우고 인생에 왕복표는 없으니 참으로 미안하다. 젊을 때 진심 어린 감사 말씀드린 기억도 없네요.

　엄동설한에 늘 손잡아준 당신 편모의 말년 건강 불편에도 지극정성으로 모신 효부(孝婦) 당신께 깊이 감사드립니다.

　"살아 있는 갈대"의 저자 펄벅여사의 농사일을 하고 귀가하는 피곤한 농부가 소를 타지 않고 함께 걸어가는 정겨운 모습을 모고 고상한 사람들이 살고있는 보석 같은 나라라고 했으나, 나는 연약한 여성에게 평생 무거운 삶의 짐을 지운 원죄는 필부지용(匹夫之勇) 허풍쟁이 내탓이요.

　당신의 손은 늘 약손이었소.

　마지막 가는 날 당신의 성호 받기를 바라며 끝까지 못난 이를 용서 해주세요.

　늦게 반성하는 사람.

2024. 12.

마음이 울적하면
(병원을 방문 해 보세요)

밤사이 안녕하셨습니까?

이 말뜻을 젊을 때는 별다른 생각 없이 들었다.

이 뜻을 실감한다면, 나이 들 만큼 들었다는 의미도 된다. 초저녁 잠에 새벽에 눈 뜨면 부질없는 이 생각 저 생각에 창밖 새소리 듣기 일쑤다.

어떤 날은 상쾌한 기분도 들지만 짜증 나는 날도 많다. 언짢은 생각이 들면 한 생각에 하루종일 매몰되어 설명할 수 없는 불쾌감과 묘한 기분을 떨쳐 버리지 못하고 이유 없는 짜증에 사로잡힌다. 기분전환을 위해 목욕탕으로 간다. 거울에 투영된 내 모습에 스스로 언짢은 기분만 더 생긴다.

눈은 거멓하고 입은 비툴어졌고 배는 뿔룩 얼굴에는 심술만 더득더득 왜 이렇게 되었나 한심한 생각이 더 든다.

요즘은 전철을 타도 내 자리도 없다. 선배들도 많고 막 65세가 된 눈감고 미동 없이 자리 지키는 분들 나는 40대 디스크 환자로 수술하지 않고 수십 년 고통을 참고 견디고 있다.

요즘은 걸을 때도 서 있어도 심한 고통에 시달리기도 한다. 젊은이 앞에 서는 것은 자존심 상하는 일이다. 자리 양보하는 젊은이는 보기 드물고 내색은 안 해도 왜 저 앞에 서 있느냐고 마음속으로 매우 언짢아하는 표정이 역력하다.

젊은이에게 눈치 보이는 일은 삼가야 한다는 생각이 든다. 그래서 일정 시간 자리에 앉은 후 서로 자리를 양보하는(턴 오버) 제도를 주장하는 사람이다.

머피의 법칙을 생각하면서 기분전환 장소로 병원을 찾아간다.

병원문을 들어서는 순간 감사의 마음을 금할 수 없다. 병원 안 분위기를 상상해 보시죠? 많은 환자가 내일도 마지막 잎새를 보기 위해 최선을 다하는 환자들의 처절한 모습을 보면서 허리 다리에 통증이 있어도 남의 도움 없이 걸을 수 있다는 것은 큰 행운이라 생각이 든다. 그래서 짜증 나는 날 종합병원을 방문하시길 권합니다.

근래 저도 못된 친구 때문에 X-ray 치료를 받고 있지만, 긍정적 사고 덕에 내일도 마지막 잎새를 볼 희망에 활기찬 나날의 연속입니다.

병원을 나서는 순간 우렁차게 울어대는 매미 소리에 새로운 삶의 희망을 느낀다.

자신에 주어진 시간을 긍정적인 생각으로 즐기는 것은 세월에 도둑맞은 인생을 보상받는 것으로 생각하면 삶 자체란 즐거운 것이다.

말동무

아들 따라 도시 생활

아들 며느리 관심과 손주들의 재롱에 이른 새벽 들에 나가 일하지 않는 편안한 도시 생활이 즐겁기만 했다.

세월이 흘러 손주들이 자라니 말수도 줄어들고 아들 얼굴 보기도 쉽지 않다. 시어머니 하루 세 끼 식사 챙기는 것도 달가워하지 않는 눈치라 아파트 생활이란 이웃집과의 왕래도 없어 나이 든 사람들에게는 철장 없는 감옥생활과 다름없다.

시골 생활이 그립다.

종일 텔레비전 보는 것도 전기세가 많이 나온다는 며느리의 불평을 아들이 대변하는 것이 더 섭섭하다.

손주들이 학교 가고 며느리 외출한 틈을 타 간단한 짐을 챙겨 시골 고향행 버스를 탔다.

시골집에 오니 늦가을이라 공기는 스산하지만, 마음은 푸근하다.

집 뜰 감나무에 주렁주렁 달린 감도 오랜만에 주인 만나 얼굴 붉히며 반긴다.

시골에는 전화도 없고 나를 찾는다고 꽤 고생한 모양이다. 예고 없이 몰려온 가족들을 보니 괘씸한 생각이 더 든다. 별다른 생각 없이 할머니 품으로 파고드는 손주 녀석들 모습에 억하심정도 사라지고 마음이 뭉클하다.

  허리 굽도록 일하고 온갖 정성을 다해 키운 아들이 남이란 생각이 들고 며느리에 대한 응어리진 마음도 쉽게 풀리지 않는다. 집으로 가시자는 아들의 간곡한 권유에 가타부타 않고 그 흔한 손전화(핸드폰)라도 사주었으면 나 찾느라 고생 안하재, 퉁명스럽게 말했다. 쏙 좁은 서운한 감정도 억제되지 않아 며칠 있다 간다는 말로 서먹한 이별을 했다.

  할머니 속도 모르는 손주 녀석들은 고사리손을 내밀고 약속하자며 양팔에 매달린다.

  모두가 떠난 후 석양을 보니 마음이 더욱 쓸쓸하고 몇 해 전 세상을 떠난 남편이 더욱 그리워진다.

  뜰앞 감나무에 달린 감들이 석양에 물들어 더욱 먹기 탐스러워 보인다.

  꼬마들에게 감 몇 개 따 주지 않은 옹졸한 할머니가 된 것이 후회스럽다.

  불현듯 감으로 만든 감식초가 피로회복과 다이어트에 좋다는 텔레비전 광고 생각이나 까치밥 몇 개만 남기고 감 포대를 이고 지고 서울 집으로 왔다.

  아들과 며느리도 내가 감식초 장사를 하겠다는 고집을 꺾지는 못 했다.

  아파트 입구에서 감식초 몇 병을 놓고 팔다 경비원에게

호된 꾸중을 듣고 쫓겨난 생각을 하다 집 앞 전철역 입구는 오가는 사람도 많고 경비도 없어 조그만 널빤지를 펴고 장사를 시작했다.

 며칠 후 내 또래의(내 나이의) 약간 초췌해 보이는 분이 내 옆에 말없이 와 앉았다. 혹시 옆에 채소라도 놓고 장사를 하면 행인들의 불편으로 자리를 쫓겨나지 않을까? 걱정이 앞섰다.

 반나절이 지나서야 내가 먼저 말을 걸었다. "여기 왜? 왔어요? 감식초라도 하나 사던지"라고 퉁명하게 물었다.

 하도 심심해서 "말동무 찾아왔어요" 조금 있다 갈게요.

 하루 종일 집 지키는 게 싫어요.

 집에 있는 강아지도 내 말 듣지 않고 무시해요.

 개 이름은 해피(행복이에요), 모든 가족의 귀여움을 독차지하며 내가 오라면 으르릉댑니다.

"나는 혼자 외톨이에요" 노인정에 가도 나 같은 시골 무지랑 이(못 배우고 못난 사람)는 상대도 해주지 않고 화투도 못 하니 늘 무시당해요. 이 할머니도 나처럼 자식 키우느라 고생만 했구나 하는 측은한 생각이 들었다. 내 옆에서 채소라도 팔면 어떻겠냐고 슬쩍 속내를 떠보았다.

 아들 부부가 알면 여기 놀러 오는 것도 큰일 난다며 펄쩍 뛰었다. 오히려 매일 몇 시에 감식초 장사를 시작 하느냐고 되묻는다. 속내를 알고는 같은 처지에 측은한 생각이 들었다.

 며칠 후 가족들은 여기 놀려오는 것 아느냐고 물으니 자기 행방에는 별로 신경 쓰지 않고 길거리에 놀고 있는걸 보면 집안에 야단법석이 날것이란다.

 나보다 나이는 많은 줄 알았는데 두 살이 적고 젊은 시절 자녀 공부시키느라 고생한 것도 나와 비슷했다.

 날 언니라 부르며 장사가 끝나는 늦은 시간까지 곁에서 말동무가 되었다. 동생은 무슨 생각을 하느냐고 물었다. 집에서는 하루종일 벽만 구경하는데 여기오면 지나가는 사람 구경이 참 재미있단다.

 언니 물건 흥정하는 젊은 여성들의 모습이 아주 다양해요. 어떤 여성은 거만스럽게 턱만 내밀며 버릇없이 값을 묻는 여자 가격 묻는 게 싫어 가격표를 빤히 보면서 손가락에 낀 값비싼 가락지를 자랑하듯 거들먹거리며 단돈 몇 분 안 되는 감식초 가격을 흥정하는 오만한 여성 복용하면 남성 어디에 좋으냐고 물으며 입을 삐죽대는 여성, 물건 사는 사람 옆에 와서 전에 사 먹었더니 효과가 없다고 흥정에 초치고(방해) 가는 심보 나쁜 못난이, 인물은 좀 못생겨도 공손한 말투에 아들 있으면 며느리 삼고 싶은 덕성을 겸비한 여성 등등….

 호박꽃이 싫증이 덜 난다는 옛 어른들의 말씀이 생각나기도 합니다.

언니 여기 사주 관상 보는 돗자리 폅시다. 우리는 서로 눈빛으로 얘길 하며 깔깔대곤 했다.

  다음날 동생이 약간 늦게 왔으며 상기된 얼굴이었다. 무슨 일이 있었냐고 꼬치꼬치 꽤 물었더니 마지 못해 입을 열었다. 며느리가 외출했다가 내가 여기 있는걸 보고 창피하다며 엄청 득달해서 늦었단다.

  그런데 손녀가 내 편을 들어 주었어요.

  엄마! 할머니한테 너무 그리지 말아요. 할머니는 아버지 공부시키느라 고생하신 덕에 우리는 좋은 집에 살고 있고 하루종일 무료하게 집에 계시는 것보다 친구분 하고 함께 계시는 걸 학교 갔다 오면서 보았는데 표정도 밝고 행복해 보였다면서 내 편을 들어줘 출근하게 되었으니 내일 일찍 오겠다며 깔깔 웃으며 헤어졌다.

  나는 그날 밤 심한 복통으로 병원응급실에 실려 갔다. 동생이 나 만나러 왔다 황당해하는 모습을 연상하면서 하루를 보냈다.

  가족과 의사 선생님의 얘기를 눈치로 짐작하면 정확히는 모르지만 쉽게 퇴원하지 못 할 것 같은 예감이 들었다. 동생과는 모르는 사이에 정이 많이 들었으나 서로 사는 곳을 몰라 연락이 안 돼 답답하고 몸이 아프니 말동무가 더욱 절실하다. 행여나 하면서 기다림이 며칠 흘렀다.

  의사 선생님이 회진을 마치고 간 뒤 누가 입원실 문을 두

드리며 언니라고 크게 부르며 병실 문을 열었다.

 기다리던 동생이 왔다. 눈물이 왈칵 앞을 가렸다. 우리는 옆 환자들 생각도 못 하고 한참 서로 부둥켜안고 흐느꼈다.

 동생 여기를 어떻게 찾았니? 얼마 전 지나는 말로 어느 아파트에 산다는 말만 듣고 그 큰 아파트 단지를 뒤져 감식초 사장님 집을 찾았지 호호호……. 하하하….

 언니 만나니 말이 술술 나오네! 수다를 한참 떨었다.

 언제 퇴원해요? 좀 늦을 것 같아.

 용돈도 없을 텐데 쥬스는 뭐 할라꼬 사왔노? 언니 병문안 간다니까 며느리가 용돈 주었어요. 언니 내일 또 올게요.

 입원실 방문을 나서는 동생의 뒷 모습을 보면서 감식초 장사를 하려면 의사 선생님 지시를 잘 따라 빠른 완쾌를 해야 한다는 생각이 들었다.

 오늘은 유난히 침실의 천장에 나를 아껴주는 말동무의 환한 미소가 그려진다. 매일 찾아주는 동생 덕에 외롭고 쓸쓸하지도 않았고 병세도 호전되어 생각보다 빨리 퇴원하게 되었다.

 의사 선생님도 동생의 말벗이 치료에 큰 도움이 되었다고 말씀하셨다.

 퇴원하는 날 가족들은 말동무 동생에게 고맙다는 인사 말씀을 수없이 했다. 동생의 고운 심성 덕에 병이 빨리 완쾌되어 나는 동생의 손을 꼭 잡고 퇴원했고 동생은 우리 집의 귀한 식구가 되었다.

  며칠 후 동생의 가족이 시골에 갈 일이 있어 자기 집에서 며칠 지내자는 권유를 받고 동생 집으로 갔다.

  그 집 식구들은 나를 큰어머니, 애들은 큰할머니로 호칭했다.

  별스럽다는 동생네 며느리도 본래의 착한 심성으로 변했다.

  늙은이들이 좋아하는 맛 있는 음식도 많이 마련해 두었다.

  며느리도 우리 덕에 시골 마음 놓고 다녀오겠단다.

  그날 밤 우리는 한 이불속에서 손 꼭 잡고 감식초 장사를 생각하며 서로의 외로운 삶이 양 가족의 따스한 사랑을 받게 되는 행복감에 오래오래 건강하게 살고 싶은 욕심이 생겼다.

  두 가정에 하느님의 축복 있기를 빌며 "칸트가 말한 할 일 있고 사랑하는 사람도 있고 희망이 있다는 행복의 조건"을 생각하며 깊은 잠에 든다.

모자간의 정담(생일 축하)

어머니 : 이보영(아들 무경에게)

　무경, 우리 아들…. 생일 축하해
　한여름의 끝자락에(1977.8.) 태어나서 널 키우는데 덜 힘들어지라고 더위를 피하게 해준 내 아들 무경이 몸도 마음도 잘 자라 줘서 늘 고맙게 생각한다.!
　인제, 지금은 네가 너희 가족을 챙기고 살펴야 하는 때도 한참 세월이 흘렀구나!
　집안 가장이 늘 건강한 사고 건강한 몸으로 잘 지내야 가족 모두가 그에 잘 따라가게 되어있단다.
　우리 아들은 잘하고 있는 거 같아서 마음 놓이고 든든하게 생각하고 있단다.
　연령상으로 삼 남매 모두가 사춘기에 들어 있는 시기에 그래도 이해와 타협으로 잘하고 있는 거 같아서 든든하고 보기 좋더라.
　늘 다섯 식구 모두 화합하여 건강한 몸과 마음으로 잘 살아 주길 기대한다.^^
　다시 한번 생일, 진심으로 축하!!
　너희 가족과 함께~♡♡♡　　　　　　　　　　　2024. 8월

아들 : 제무경(어머님께 드림)

  언제나 생일 축하 메시지를 주시니 기다리고 있었는데 역시 장문의 편지를 보내셨네요^^

  사람이 나이를 조금씩 먹어가면서 외모뿐만 아니라 성격이나 생각하는 사고가 계속 변하는데 결국 그 밑바탕은 어렸을 때 보고자란 부모님의 영향이 큰 거 같아요. 물론 그렇지 않은 예도 있겠지만 저는 그런 거 같아요. 돌이켜 보면 좋은 엄마 아빠 만나서 행복한 유년 시절을 보내고 큰 걱정거리 없이 살아왔으니까요. 물론 가진 재능을 100% 활용하지 못해서 기대에 부응하지 못한 부분도 있겠지만 그건 원래 제 것이 아니라 생각하고ㅎㅎㅎ 저의 어린 시절 성격을 닮은 세 아이들을 볼 때면 어떻게 하면 상처받지 않게 좋은 길로 성장하는 걸 도와줄 수 있을지 어렵긴 하지만 그래도 종화(처, 이종화)와 의논하면서 아직은 그럭저럭 괜찮은 거 같아요. 엄마가 하도 긴 편지를 써서 저도 몇 자 적어보려고 하는데 글짓기가 잘 안되네요. 병원 입원 생활이 많이 불편하시겠지만 군 생활보다 짧잖아요.ㅋㅋㅋ

  조금만 버티면 제대라 생각하시고 파이팅 하세요. 말로는 다 못하고 낳아 주셔서 감사합니다.^^

2024년 8월

빙모님 영전에 드리는 글

빙모님
큰사위 정호입니다.

제 기억으로는 1964년 찌는 듯한 여름 부산에서 부경(부산 경남)대학생 대표들의 회의에 갔다. 장모님께 사윗감 선을 보이려고 마산시(창원시) 자산동 집을 방문한 것이 생각납니다.

예비 장모님(박복덕 여사님) 첫인상은 참 고우시고 고귀한 귀품이 넘치는 30대 같은 40대 중반이었습니다.

따님(이보영)이 어머니는 음식 탓하지 않고 잘 먹는 사람들을 좋아한다는 귀동냥 정보를 듣고(귀띔정보) 과분하게 한 상 차려놓은 음식을 배가 부른데도 다 먹은 덕에 오늘 빙모님 영전에 제가 서 있습니다. 뛰어난 음식솜씨에 특히 마산 어시장에서 싱싱한 조기로 끓인 매운탕은 지금도 그 맛을 잊지 못하는 제일 맛있는 매운탕이었습니다. 장모님께 늘 감사드립니다.

목숨 걸고 월남하신 빙부님(장인 이재선)의 사업을 크게 번창토록 도왔으며 자신보다 남을 먼저 생각하는 자비의 마음으로 어려움에 처한 이웃에게 자선을 베푼 선행은 우리 가슴과 후손들의 심성에 낙수처럼 오래오래 전해질 것이며 자녀 2남 3녀 중 두 따님만 장모님의 영전에 서고 2남 1녀는 부모님께 불효를 저지른 것은 사람의 힘으로 어쩔 수 없었으나 그 인고의 세월을 가슴에 묻고 한치의 허트림 없던 일상생활은 우리가 흉내 낼 수 없었습니다.

장모님! 두따님의 효성과 둘째 사위(최제준)의 헌신적 효행에 저는 고개 숙입니다.

장모님 존경하며 흠모합니다.

백수(98세)의 연세에도 사위들 앞에서 단추 하나도 흐트러짐 없이 생활하신 외유내강한 삶을 살아오신 장모님께 고개 숙어집니다.

저 나이도 올해 희수(77세)입니다. 소천하시기 전에도 저의 생일을 챙기시며 선물까지 주셨는데 내년에도 선물 주려 오실 거죠? 작고하시기 하루 전(2017. 10. 16)에도 손주들 이름과 증손주들 근황을 묻고 관심을 가지신 그 탁월한 기억력을 지금도 놀랍니다.

병원 입원 하루 만에 유명을 달리하시니 황망한 그 슬픔 억누를 수 없습니다.

장모님

저보고 늘 하시는 말씀이 "보영이(저의 처) 잘하니" 특유의 함경도 억양으로 묻곤 하셨죠. 대부분의 장모님은 "우리 딸 잘 부탁하네"라고 말씀하시지만 제가 듣기로는 내 딸이 잘할 것이므로 잘 모시라는 채찍으로 알고 있었습니다.

결혼 때 딸에게 잘하겠다고 큰소리친 것은 개성이 강한 시동생 셋에 1남 3여 에 홀시어머니 모신다고 고생만 시켜 죄송합니다. 소천 하시기 하루 전 이른 아침 "여보"라고 (2017. 10. 16) 불렀습니다.

빙부님이 빙모님 뫼시로 온 줄은 둔한 저는 몰랐습니다. 장모님 별명 모르시죠? 애들이 꽃 가꾸기를 유난히 좋아하시는 할머님이라 "꽃밭 할머니"라고 호칭하십니다.

저의 시집 표지도 "꽃밭은 봄부터 가꾸어야"입니다. 장모님 같이 어진 심성은 어릴 때부터 배워야 한다는 뜻입니다.

이제 두분 손 잡고 이 세상일 훌훌 떨쳐 버리시고 좋은 곳에서 영면하시길 기도드립니다.

비 오는 날 창문을 때리는 빗소리 들으며 가꾸던 꽃 속에 계시는 두 분 생각하겠습니다.

2017. 10. 19
장모님 영전에 큰 사위 올림

추도사

형님!

하늘은 높고 말이 살찐다는 계절, 형님의 후덕한 마음씨 같은 10월입니다.

형님께서 영면하셨다는 소식을 듣고 불원천리 왔습니다. 동생 왔느냐는 정다운 말씀 더 들을 수 없으니 서러운 마음 금할 수 없습니다. 10월 1일 형님 병문안을 갔을 때 동생 왔느냐 하시던 그 인자한 음성을 영원히 들을 수는 없지만 이 동생의 마음 속에는 정어린 형님의 음성은 온전히 남아 있을 것입니다.

형님께 봉투 하나를 드리니 내가 무슨 돈이 필요하겠느냐 오히려 동생 차비를 주어야 할텐데 하시며 드리는 봉투를 완강히 거절하시던 그 팔 힘을 느끼면서 오랜 병상에 계신 환자라는 생각이 조금도 들지 않았습니다. 저희들 곁에 더욱 건강히 오래 머무실 거라 여기었습니다. 며칠 사이에 유명을 달리 하시니 애통한 마음 금할 수 없으며 눈물이 납니다.

아버님 생전에 형님과 두 어른이 정답게 대소사를 의논하는 모습을 자주 보았습니다. 이제 저승에서 두 어른의 다정한 모습을 그려봅니다. 종조부님의 운오정 건립을 형님 혼자서 힘겹게 건축하신 건 문중 역사에 길이 남을 일입니다.

 운오정에서 시제를 지내면서 이제 날씨가 짖궂어도 별 걱정이 없다는 말씀이 떠오릅니다. 그때 형님 고생하셨습니다란 위로의 말씀 한 번 전하지 못한 동생 후회가됩니다. 마음 속 깊이 감사드리는 것은 아버지의 효자비를 세울 곳이 마땅치 않다고 말씀드렸더니 지금 아버지 효자비가 서있는 곳은 동네 어귀니깐 좋니 않느냐고 말씀하시면서 비를 세워라고 허락을 하셨습니다. 위치는 좋지만 좋은 논(옥답)인데 비를 세워 되겠느냐고 말씀드리니 나에게는 당숙이었지만 조실부모하여 아버지와 같은 분이신데 필요한 만큼 논을 쓰라는 말씀을 지금도 귀를 의심할 정도로 생생히 기억하고있습니다.

 평소에 전답을 소중히 어기시던 논을 허락하여 오늘의 할머니 열녀비와 아버지 효자비가 나란히 세워지게되었습니다. 형님 감사하고 고마웠습니다. 제가 형님 뵈올 때마다 동생 왔느냐고 말씀하셨습니다.

 지금 생각해보면 동생이 없었기에 부족한 저를 유독 동생으로 호칭 하신 것을 그때는 형님의 마음을 알지 못한 우둔한 동생을 용서하십시오.

 형님 저는 지금까지 형님께서 화를 크게 내시는 것을 한 번도 본적이 없습니다.

그 유순한 품성은 또 우리 후손들이 크게 본 받아야 할 교훈으로 삼을 것입니다. 형님의 후덕한 인품을 보면 5남 2녀의 후손들은 더욱 번창할 것입니다.

  형님께서 백수를 하셨지만 후손의 슬픔을 이루 말 할 수 없습니다.

  영전에 한잔의 술잔을 올리며 허전한 마음 위로해 봅니다. 영면하소서.

2016. 10. 27 제정호

이 생각 저 생각

 길을 나선다.
 마음은 달려도 몸이 뜻대로 안 돼 교통신호가 짧다고 투덜댄다. 기사님이 듣지도 못하는 욕지거리를 중얼댄다. 보석상 앞을 지나니 견물생심 보물 도둑질 할 생각이 난다.
 지나는 길옆 유혹하는 맛있는 음식 냄새 주머니 만지작거리다 이 냄새는 공해라고 투덜댄다.
 지나는 멋진 차 보고 심술궂은 생각에 차를 흙 묻은 신발로 힘껏 찬다. 내 발만 아플 것 같아 혼자 웃는다. 호텔에서 차 한잔, 여우의 못 먹는 포도 얘기가 생각난다. 별로 맛없겠지 온종일, 이 생각 저 생각 배만 고프다.
 전철 노인석 젊은 노인 눈 감고 있네.
 번데기 앞 주름잡는 젊은 노인 보며 달리는 전철 내내 마음속 욕지거리만 했다. 내리며 생각하니 오래 살라고 축복만 한 셈이다.

 윤동주의 〈서시〉
 죽는 날까지
 하늘을 우러러 한 점 부끄럼이 없기를…….
 인과응보!! 나는 바보였네 젊음의 옛 추억 생각하다.
 하루를 반성한다.

제비의 대화

긴 전깃줄에 제비 한 마리가 지지배배 재잘거린다. 어디서 왔는지 네 마리가 나란히 앉았다. 옆에 참새 한 마리가 제비들 애기를 엿듣는다.

제비 한 마리가 지난해 시골에 살려 갔다가 농약 친 음식 먹고 혼이 난 일들을 조잘 댄다.

올해는 도시로 왔더니 집들이 재 건축되어 아파트에 둥지 틀기 힘들다고 투덜댄다. 말이 끝나자 옆 제비가 어젯밤 집주인 부부싸움에 잠 설쳤다고 푸념한다. 연로한 시부모님 모실 수 없다는 며느리 투정에…….

노부부는 자식들 뒷바라지에 살림 거덜 나고 건강도 안 좋아 살기 힘들어도 자식들 코빼기도 볼 수 없다는 세태를 탄식한다.

우리 새끼들 본 볼까 걱정이네! 묵묵히 애기를 듣고 있던 옆 제비도 약간 흥분된 목소리로 지지배배 지지배배를 외친다. 자녀들 재산분배 싸움에 며느리까지 끼어들어 쌍소리가 오가고 집안 화목은 풍비박산 나고 가족간에 원수 되었다네.

자식들 생각에 한푼두푼 억척같이 모은 돈 구두쇠 소리 들어 곡간 채운 돈이 형제간 원수 되고 부모 마음에 대못

박았다. 제사상도 받기 힘들게 되었다고 한다.

다른 제비가 지금 몇 시냐고 묻고 서둘러 자리를 뜬다.

우리 집 주부는 손주들 유치원 가는 시간 조금만 늦어도 밥상 받기도 힘들다며 꾸부정한 허리를 편다.

옆에 앉은 제비 새끼들 먹이 찾아 날아간다. 밤새 인간 세상사 엿듣다 밤잠 설친 제비들 멋진 모습 볼 수 없고 내년 봄 봄소식과 행운의 수박씨 물고 오기 기대할 수 없겠지. 제비들의 세상풍자가 우리들의 삶을 한번 더 생각하게 한다.

제비도, 참새도 날아가고 노인들도 어기적어기적 집으로 간다.

친구

책가방 이집 저집 던져놓고 단발머리(1960년대)여학생 찾아 골목 누비고 시험 기간 3박 4일 밤샘도 예사 체력도 좋았지, 용케도 낙제 없이 졸업장 받았네.

이제 동서남북 흩어져 친구 전화 안부 묻고 어쩌다 만나면 보청기 없으면 말소리에 지붕이 덜썩거리고 전철 내 큰 목소리로 부인 핀잔에 화들짝 놀라기 일쑤네.

금자, 순자 안부에 걸음마 뒤뚱대도 백발 잊고 귀 쫑긋하네. 야자 불러도 다정한 목소리 정겹기만 하다….

"망각의 역 현상 효과"(잃었던 젊은 시절의 생각이 갑자기 떠오른다.)

젊음의 옛 추억 얘기하다, 자녀들에게 핀잔 듣는다.

다음 만날 때는 아들딸 자랑 말고, 부인과 며느리 자랑하고 영양보충 듬뿍 받으시고 먼 길 떠나기 전 자주 만나세!

세월의 도둑놈은 모든 걸 다 **빼앗아가고** 약봉지만 주는구나!

도둑맞기 전 건강 잘 간수 하시고, 다음 만날 약속 꼭 지키세요. 안녕.

할머니 이야기(열녀 이야기)

　내가 태어난 곳은 경상남도 고성군 대가면 척정리이다.
　낮에도 호랑이가 출몰하고 앞 뒷산에 장대를 걸쳐 빨래를 말린다는 옛말에 비유되는 산골이다.
　약 50호가 산자락 다섯 곳, 이곳저곳에 흩어져 당시 대부분 제가 일족이 살고 있는 곳이다.
　농번기가 끝난 농한기에는 우리 집 사랑채에서 동네 분들이 모여 새끼 꼬며 농사 정보나 세상 이야기로 밤을 지새우는 아지트였다.
　지나는 길손(過客)도 동네 누구에게나 하룻밤 쉴 곳을 찾으면, 새집으로(동네에서 집도 새로 지었고 부잣집) 가라고 인도했습니다.(6·25 북괴의 패잔병도 우리 집 사랑채에서 두 번이나 민폐를 끼치고 간 곳.)
　저는 이 화산 할머니(고성군 마암면 화산마을 전주최씨 집에서 칠원 제가로 시집온 할머니 호칭(택호宅號, 요즘 이름 대신 부르는 명칭))
　여기 할머니의 얘기를 적어본다.
　할머니가 시집 왔을 때 할아버지의 건강이 악화되어 신혼생활도 없이 신부는 안채에서, 시어머니가(저의 증조 할머니) 신랑은 사랑채에서 아버지(저의 증조할아버지)의 케어를 받으며 격리된 생활을 했다.

그러던 중 어느 날 손님이 오셨는데(증조부의 친구) 물을 먹고 싶다고 말씀하시니 그 당시의 풍습으로 가장이 부엌에 물뜨러 가는게 금기시 되어있었다. 그래서 병든 아들에게 물 심부름을 시켰다.

안채에 들어가니 부인(할머니) 혼자 있어 이때 부부의 정을 나눈 것입니다.

남편이 물심부름 오기 전날 밤 부인은 이상한 꿈을 꾸었는데 우물에 물을 길으러 갔는데 달이 우물에 빠져 있던 달을 건져 치마폭에 품고 집으로 온 꿈을 꾸었단다.

그날 태몽의 아들이 유복자로 태어났고 뒤에 훌륭한 효자가 되신 저희 아버지(육당 제병근)이다.

문제는 몇 달 후 할머니가 임신한 것을 알고 문중의 형벌(명석말이) 직전 어느 날 아버지의(증조부) 물심부름으로 안채에 갔다가 부부의 정을 맺었다는 것입니다. 오해는 풀렸으나 한 여성의 인고의 세월이 시작된 것이다.

그 후 남편은 건강이 악화되어 사경을 헤매게 되어 민간 요법으로 전해오는 폐결핵에 좋다는 송장의 물 (죽은 어린이들의 시체를 넣은 장독 안에 고여 있는 물)을 먹으면 좋다는 말을 듣고, 낮에도 호랑이가 나온다는 산골마을에서 남의 눈을 피해 캄캄한 밤에 수 킬로미터의 수풀을 헤치며 어린이의 무덤을 찾아 헤매는 젊은 부인의 대담성 오직 병든 남편을 살리겠다는 일념이 얼마나 눈물겹고 강인했겠냐를 생각하

수필

면 깜깜한 밤 산중에 아기 무덤을 찾는 공포에 등골에 땀이 난다.

전설의 고향의 얘기가 아닌 현실이며, 열여와 효자는 평범한 사람이 아닌 것 같다.

첫날 한 종자 구해온 그 물을 자시고 참으로 시원하다는 말을 듣고 다음 또 산길을 헤매 그 약을 구해드렸으나 한 여인의 간절한 소망도 소용없고, 그 시원한 약을 더 구할 수도 없어 임종을 맞이하게 되어 부인은 더 큰 결심을 하게 되었다.

본인의 왼쪽 다리 허벅지 살을 베어 피와 고기를 들였으니 생명이 며칠 더 연장되었으나 결국은 곧 세상을 떠나셨다.(이현산 선생의 열녀비문에 남편과 함께 목메어 동반 자살 시도, 시아버지(나의 증조부)가 발견 목숨 연명)

유복자인 아들은 어머니가 일터에서 돌아오시기 전에는 배고픔을 참고 어머니가 돌아오신 후 밥을 함께 먹었으며, 나의 아버지는 어릴 때부터 효성이 지극했으며, 나중에는 사업 운이 좋아 양조장을 운영 사업가로 성공 또 큰 부농이 되었다.

세월이 흘러 어느 비 오는 날 할머니의 다리를 주무르던 (안마해 드리던) 손녀가 할머니의 왼쪽 다리에 살이없고 뼈만 있어 크게 놀라 아버지에게 말씀드려 아들이 어머니에게 허벅지를 보여달라고 했으나 아들이라도 다리를 보여

줄 수 없다 하여 눈물로 호소하여 그 상처를 보고 연유를 물었더니 너희 아버지 임종 씨 살을 베어 약으로 들였으며 잡수고 며칠 후 별세하셨다는 말씀을 듣고 대성통곡했다는 이야기를 들었다.

아들의 나이 40세가 넘어도 종아리 매질로 훈육했고, 매 맞은 아들은 어머님 팔 아프시다고 주물러 드렸다는 이야기는 주위에서 자주 들었다.

치마폭에 감춘 수십 년 인고의 삶을 누가 이해하겠습니까?

동네 애들도 울다가 화산 할머니 오신다면 애들이 울음을 그쳤답니다.

사진에서 보는 할머니는 온화하고 참으로 단정해 보입니다.

바로 존경으로 이해됩니다. 재미있는 일을 말씀드리죠.

바로 옛날얘기 속에 나오는 일들이 우리 집 사랑채에서 실제로 있었던 일입니다.

늦은 밤 사랑채에서 새끼 꼬면서 또는 놀고 있는 분들께 시장하실 거라고 밥과 동치미를 듬뿍 보내 소변을 많이 하면 퇴비(거름)로 쓴다고 했다니 이는 실제 우리 집 사랑채에서 있었던 일입니다.

효자 열여는 성리학을 국가통치 이념이던 조선조 세종대왕 1428년 재위 10년 김희 라는 사람이 아버지를 살해 미풍양속을 해치자 효자, 열녀를 크게 장려했다는 것이다.

수절 과부의 삶에 큰 가치를 부여하고, 여성들은 은장도

수필　　173

에 자신의 가문 영욕을 걸고 여성의 희생으로 국가통치 이념을 강화했다니 너무나 잔인한 것 같다.

　우리 주변에는 효자 열여가 마지막으로 부모와 남편의 약으로 단지(손가락 자르는 짓) 또는 허벅지 살을 베어 약으로 쓴 경우가 많은데, 하늘이 내린 효자 열녀는 믿기지 않는 얘기지만 큰 치료없이 상처가 재발 없이 나아야만 하늘이 내린 효자 열녀가 된다는 것이다.(현재로는 이해가 쉽지 않다.)

　할머니의 인고의 인생을 알고는 열녀 비문을 받으려 집안 동생(제영근, 남명 조식 선생의 제자)와 함께 교통도 불편한 충청남도에 계시는 조선조 말 이현규 선생님께 열려 비문을 받으려 충청도의 큰 산마루를 넘던 중 인적이 드문 산길에서 강도를 만나 강도의 요구대로 모든 짐을 내려놓던 순간 난데없이 한 사람이 나타나 도적을 보고 "이분은 만고의 효자다. 손끝 하나라도 건드리면 경을 치겠다!"라는 큰 꾸지람에 도둑은 혼비백산 도망을 쳤고(함께 간 집안 동생 후일담) 열려 비문(조선조 말 이 현상 선생님께)을 무사히 받아왔다.

　할머니는(고성군 사료집 제1권 열녀 조선조 521쪽에 수록), 아들은 마암면 두호리 함안 이씨 집안에 결혼, 따님 두 분만 낳고(큰 자형 구만면 최영호, 둘째 자형 고성읍 허종화, 세째 자형 대가면 정일수) 상처 후 망한 부잣집 따님께 재혼(밀양박씨) 4남 1녀를 두게 되었으나 할머니 생전에 개인절을 지어 손자들

탄생을 매일 불공을 드렸으나 생전의 소원이셨던 손자들을 보지 못하고 세상을 떠났으니 부처님을 원망 했을것이다. 망한 절터에는 돌밑에 빈대 껍질이 있는걸 보았다.

 할머니의 유언에 따라 아들은 3년 시묘살이를 못 하고 3년 동안 고기와 생선을 먹지 않았고, 집에서 2km 떨어진 산소를 새벽에 다녀와 동네에서 효자 신청을 했으나 완강히 거부했고 양조장을 운영하시며 인근 마을에 길, 흉사가 있으면 술 한 말 또는 술과 쌀 한 말을 부조하여 적선지가 필유경이라는 선행을 베풀어 솔선수범하셨으며, 제가 16살 때 아버지께서 사망하셔 7일장을 치렀습니다.

 조문객들의 말씀에 諸 氏가 고성에 온 지 500년이 되었는데(1499년 무호사화 성균관 사회 철손 선조 고성에 오심) 아버지의 그 인품이 최고라고들 말씀하셨으며, 집안 숙모님 되시는 분도 후일 저런 분이(근엄하고 점잖은 분) 아이들을 어떻게 낳았을까 라고 저에게 농담하셨습니다.

 저도 평생 아버지께서 크게 입을 벌려 웃는 모습을 한 번도 본 적이 없습니다.(서경덕 선생과 이율곡 선생님의 잠자리 고사 생각남)

 아버지 효자 품신을 하여(고성군 향교 제51호 표창장 2537년 8월 7일) 효자 인정받았습니다.

 아버지 효자 비문을 고성군 학자 (1)허격 선생님, (2)함석헌 선생님(함석헌 문집 별도 등재)으로 부터 받아 할머니 열녀

비를 마을로 옮겨(전에있었던) 아버님 비와 마을 입구에 세웠으며 끝으로 정확한 일자를 기억 못 하지만 제가 초등학생 시절 아버님께서 돈 심부름 시켰던 교훈을 실어둔다.

집 뒤에 있는 작은 집에 가서 돈을 받아오라는 말씀을 듣고 작은 집에 갔더니 지폐 뭉치를 받아오는데 돈에 욕심이 생겨 돈뭉치에서 한 장을 빼내고 아버님께 드렸더니 잠깐 서 있으라며 돈뭉치를 확인하셨는데 한 장이 모자란다며 다시 다녀오라는 것이었습니다.

콩닥거리는 마음을 달래며 어떻게 하나 생각하다 돈을 흙바닥에 놓고 한 번 밟고, 다녀올 시간을 생각하고 조금 있다. 아버지께 '바람에 한 장이 빠졌다'라는 거짓말을 하고 드렸더니 수고했다는 말씀 외 더 이상 말씀이 없었습니다.

그때 아버님께서 '야 이! 도둑놈아 너 돈 훔쳤지!'라고 말씀했다면 나는 평생 도둑이라는 트라우마에 시달렸을 것이다. 그때의 교훈을 오늘도 가슴에 안고 있으며, 아버지의 지혜에 한 번 더 감사드립니다.

할머니는 열녀란 굴레에 얽매여 일생을, 은장도의 족쇄에 일생을 살아온 삶에 고개 숙여 눈물을 삼킵니다. 아버지의 효성과 적선지가의 칭송은 지금도 회자되고 있습니다. 동네 입구에 우뚝 선 두 분이 주신 교훈에 합장 기도합니다.

육당蓼堂 제병근諸炳根 선생 비문

 육당(蓼堂) 선생은 성은 제(諸), 이름은 병근(炳根), 자는 도견(道見) 1888년 음력 10월 13일 아버지 동식공(東寔公)과 어머니 최씨의 외아들로 경남 고성군 대가면 척정리에서 났다. 제씨(諸氏)는 한(漢) 승상 제갈량(諸葛亮)의 후예로, 그의 증손 충(忠)이 신라 때에 우리나라에 건너옴으로써 그 가문이 비롯됐다. 고려 현종(顯宗) 때 왕명(王名)으로 성을 갈라, 갈(葛)을 버리고 제(諸)를 쓰게 하여 남양군(南陽君)을 봉함으로부터 제씨라 부르게 되었다. 대대로 유교 선비 집안으로 내려오며 이조 끝에 이르기까지 문(文) · 무(武) · 잡(雜)편으로 벼슬한 이들이 많을 뿐 아니라 학문과 덕행에 두드러진 선비를 많이 낸 이름난 가문이다.
 선생의 할아버지 한택공(漢澤公)은 덕행으로 이름이 있었고 아버지 동식공(東寔公)은 젊어서 이미 학문에 두드러진 것이 있었다. 불행히 명이 길지 못해 선생의 출생을 보지 못하고 돌아가셨으므로, 선생의 자라남과 교육은 어머니와 백부 운오공(雲塢公)의 힘으로 되었다. 최씨는 특별한 천품을 가지고 났던 이로, 억센 의지로 슬픈 운명을 극복해 가운(家運)을 붙들어 갔을 뿐 아니라 엄격한 법도로 아들에게 "사람 되는 길"을 가르치기에 심혈을 기울여 삼십이 넘은 후에도 체벌을 아끼지 않을 정도였다.

 아들도 거기 잘 순종했으므로 마을이 일컬어 "엄모출효자(嚴母出孝子)"라 했다. 또 운오공은 벌써부터 이름났던 선비인데 조카의 어려서 외롭게 된 정경을 불쌍히 여겨 친자식 같이 훈도했고 선생도 거기 잘 복종해 밤낮으로 모시고 게으르지 않고 학업을 힘썼으므로 일찍부터 그 소문이 근방 여러 선비들 사이에 높아 마침내 학문과 인격을 대성할 수 있었다. 그러니 이것은 다 대대로 유교 정신에 따라 쌓아온 가풍, 유덕(遺德)이 아니고는 있을 수 없는 일이다. 그러나 받지 않는 그릇에 어찌 담기는 것이 있을까. 선생 스스로가 어려서부터 깨달아 힘씀이 있었음으로야 될 수 있었다.

 우리는 선생에게서 세 가지를 보는 것이 있으니, 하나 그 지극한 효도요, 둘째는 그 온 후, 염결(廉潔)한 군자 풍의 인격이요, 셋째는 그 진지한 탐구 정신이다. 역경에 반발할 줄 아는 것이야말로 생각하는 인간의 가장 귀한 점이다. 선생은 어려서부터 아버지를 보지 못한 것이 하늘에 사무친 한이었다. 이것은 선생의 일생의 기폭제였다. 선생은 "효위백행지본(孝爲百行之本)" "군자 무본본입이도생(君子務本 本立而道生)"을 실생활로 보여주었다.

 그러므로 첫째 것이 있었으면 둘째 것은 저절로 따르게 마련이다. 그렇지만 주자학 일색으로 여러 백 년을 내려온 우리나라에 "노오노 유오유(老吾老 幼吾幼)" 할 줄은 알아도 "이급인지노 이급인지유(以及人之老 以及人之幼)"할 줄은 몰랐던 선비가 얼마나 많았던가. 이 점에서도 선생은 뛰어났다. 선생이야말로 "추기급인(推己及人)"을 하려고 애썼던 선비였다. 사세(四世) 선조에 다 묘전(墓田)을 두고, 언제나 곡식을 저축해 두었다가 봄철 양식이 부족할 때에 친척 이웃 간에 어려운 이에게 돌려주었다는 것은 얼마나 아름다운 일인가. 그러나 그보다도 더 머리 수그러지는 것은 선생의 구도 정신이었다. 벌써 젊어서도 당시의 대가들과 사귀며 토론하고 연구하여 주위의 눈길을 끌었다 하지만, 그것은 늙을수록 더한 것 같다. 선생은 임오(壬午), 곧 1942년 여름에 족제(族弟) 되는 경집(敬執) 씨와 함께 용인(龍仁)의 큰선비 현산(玄山) 이현규(李玄圭) 선생을 방문했고, 거기에 대해 현산이 시(詩)와 서(序)를 써준 것이 있는데, 거기 보면 그전에도 방문했던 일이 있는 것 같고, 또 무자(戊子), 곧 1948년에 역시 같은 교의(交誼)를 가지는 조영래(趙永來) 씨가 경집 씨에게 써 보낸 「육당지십일수서」(蓼堂之十一壽序)가 있는데, 그 글들을 보면 그들의 서로 오고가는 목적이 순전히 다른 것 아니고 순전히 유교 이치 토론을 위한 것이며, 그 토론과 사귐의 태도가 얼마나 진지했던 것임을 알 수 있다.

선생이 나신 1888년은 갑신정변이 있은 지 4년 후다. 그러니 한일합병이 되어 나라가 망하던 것은 선생의 23세 때요, 3.1운동은 33세 때다. 그러는 데에 따라 종래의 생활을 구습이라 하고 낯선 새것을 보고는 문명이라 하며, 양구 자가 온다고 하다가 왜놈의 세상이 됐고, 공자, 맹자 대신 하나님, 예수를 가르친다. 그러니 이날까지 인륜, 도덕이라면 도맡아서 지도하고 있는 줄 자부해왔던 그들의 당하는 소외감이 얼마나 했을까.

선생이 위대한 선배로 존경하는 이현규 선생을 찾아갈 때 심정이 어떠했을까는 그때의 세상 형편을 생각하면서 상상해 보아야 알 일이다. 1942년이라면 일본의 황국신민정책이 한창이던 때다. 이때 민간에 있으면서 사회의 기반으로 자부하던 이들의 선비의 심정이 어떠했을까. 이런 배경을 생각하면서 현산의 아생비목석(我生非木石) 번우전심격(煩憂塡心隔), 행음부빙궤(行吟復凭几) 노발투한책(露髮投汗幘) 추필기소사(抽筆寄所思), 앙참운간핵(仰慚雲間翮)의 비통한 시의 뜻을 알 수 있을 것이요, 그 뜻을 아는 것이 육당의 심경을 이해하는 일이다.

천릿길을 멀다 않고 두 번씩이나 가서 밤을 밝혀가며 토론한 것이 무엇일까. 말이 아닌 이 세상을 어떻게 하면 건지느냐 하는 것 아니었을까. 생각할수록 숙연해짐을 금치 못한다. 두 번다 경전을 더 깊이파고, 이해하기를 강조함을 반복했을 뿐, 나도 나아가지 못하기는 더한 사람이라고 안타까워한 것이 어찌 현산 한 사람의 마음만일까. 유교 선비 전체의 일 아닐까.

 그러나 그렇듯 가이행즉행(可以行則行), 가이지즉지(可以止則止)하여 능히 여민유지(與民由之)하는 활달은 보지 못한다고 하더라도, 오늘같이 한 무더기로 썩는 것보다는 차라리 나은 것이 있음을 볼 수 있다. 독행기도(獨行其道)해 지키는 것은 있다. 이랬기 때문에 그 답답한 6.25 전후의 참혹 속에서 세상을 떠나면서도 조용히 자(子) 여질(與侄)을 불러 후사를 부탁하며 갈 수 있었을 것이다.

 생각하여 여기 이르면 "성패이둔(成敗利鈍)은 제가 알 바 아니고 그저 국궁진췌(鞠躬盡瘁) 하여 사이후이(死而後已)"라는 공명(公明)의 옛 모습을 다시 보는 듯하다. 1955년 을미(乙未) 8월 10일에 조용히 운명하시니 향년 69세, 4남 3녀를 두셨다.

– 바보새 함석헌

친필원고 1981. 5. 9

---

* 육담 제병근(고성군 향교 제51호 효자 표창장 단기 2537년 8월 7일 받음. 고성군 구만면 학자 허격 선생님 비문을 고성군 대가면 척정리 입구 할머니 비와 함께 입식.
* 함석헌 선생님 비문 중 선생님 문집에 등재된 것을 여기 게재.

어머니 단상

엄마,

엄마라는 마력의 단어에는 우주의 무게가 실리는 것 같다.

늘 젖꼭지 물고 활짝 웃는 공상을 해본다.

누구나 깊숙한 내면에 그 존재가 큰 동아리를 틀고 있음을 느낄 것이다. 우리 엄마는 남편 복 없어 일찍 미망인이 되었지만 아들 복은 있어도 그 아들들 때문에 평생을 가슴 조이며 사셨다.

담벼락을 같이한 작은 집에 손자가 태어 나던 날 농사일에 늦게 귀가한 조카가 아들이 몇 시에 태어 낳느냐고 여쭈니 사랑채(사랑방)에 있는 시계를 세워 두었으니 가 보라는 것이다.

이런 결단성과 대담성으로 동내에서 치마 두른 장부라는 별명이 있었다.

그 뒤 시계 보는 법을 깨우쳐 자랑도 했다. 자녀들 공부 시켜야 한다는 생각에 문중 어른들의 만류에도 불구하고 시골의 재산을 정리, 진주로 이사를 하고 진주에서 10년 이상 살면서 1년에 꼭 한두 번은 이사했으니 삶이 참 고달펏다.

한번은 전세금이 모자라 남의 집 추녀 집으로 이사를 간

날 연탄가스로 엄마는 몇 달간 고생했으며 비 오는 날에는 방으로 떨어지는 빗방울 때문에 밤잠 설친 적이 이제는 추억으로 남아있다.

 동생이 대학에 몇 번 실패했을 때 설 제사를 지낸 후 합격통보(전보)가 없으니 제사상을 부숴버렸다. 동생 시험 기간에는 진주 남강의 차가운 물에 목욕 재배 정성을 들였고 제사도 정성을 다했는데 조상도 무심하니 제사도 필요 없다는 말씀을 하시며 귀중한 제사상을 망가트린 것이다. 오후 늦게 동생합격 전보를 받고 빨리 제사상을 망가뜨릴 걸 혼자 중얼 거리며시며 괴면 적게 웃으시던 모습이 지금도 선명하게 떠 오른다.

 우리 엄마 성격 어떻게 말할까? 웃음이 난다.

 하루는 퇴근해 집에 오니 엄마가 몹시 흥분해 계시기에 그 연유를 여쭈니 오늘도 노량진 경찰서에 니 동생 때문에 끌려가서 한바탕 싸우고 왔다는 것이다. 빨갱이 아들(정구) 어디에 있느냐고(서울대, 1974년 4월 민청학련 데모 주도 전국 수배) 행방을 물었다며, 엄마의 음성이 유달리 커 시골 계실 때 우리집 산에서 땔감 나무를 하러 와서 나무를 베다(벌목) 엄마의 고암(높은 음성)소리에 놀라 도망간다고 했으니 그 큰 음성 경찰서 분위기가 이해가 간다. 내 아들이 빨갱이든 뭐든 아들하는 일이 옳고 행방을 알아도 안 가르쳐준다고 크게 다투었다는 것이다.

작가의 마음

그 당시 사회분위기로 우리 가정은 참 힘이 들었다. 모두가 좌파로 지목 받았으니 엄마 마음이 크게 상했고 나의 직장생활도 피곤했다. 가족 모두가 사회의 죄인 취급을 받았다. 아들이 빨갱이면 나도 빨갱이고 아들이 옳다면 나는 아들 편이다. 유치장에 처넣으라고 큰소 치고 다음에도 잡혀가도 나는 기죽지 않을거다.

셋째 동생도 형 따라 학생운동으로 1980.5.18 민주화운동에 연류되어 서울대 제적 후 신부 서품받는 날 엄마는 그렇게 좋아하셨으며 시골에서 할머니가 손자들 탄생기도 하시던 개인 절을 두고 불교 신자를 자부하던 엄마도 천주교로 개종하셨다. (할머니 소천 후 절은 망하고 부처님을 옥천사 봉안 함)

제 신부는 막내아들 고문 후유증으로 평생 고생하는걸 곁에서 보는 엄마의 심정은 어땠을까?

아버지는 제 나이 16세에 세상을 떠나 셨는데 7일장례를 지냈으며 그 인품은 문상객들이 하시는 말씀이 제가들 고성에 온후 500년에 최고라고 말씀하시는 것을 들었다.

저도 바버님 세상 떠나실 때까지 크게 소리 내어 웃는 모습을 한 번도 보지 못했고 늘 조용한 편이었으니 나는 아버지에 미치지 못하면서 큰 소리치는 아버지로 늘 부인께 핀잔을 듣는다. 아버님은 적선지가(積善之家)를 실현한 분이다. 양조장을 하실 때 인근 길흥사에 때에 따라 술 한 말

또는 술과 쌀 한 말을 보내신 것이 회자 되고 있다.

(고성 향교 제51호 효자 표창 2537년 8월 7일 마을 입구 효자비 건립)

우리 집에서는 아버지의 DNA를 가장 많이 닮은 늘 조용한 둘째 동생 정무가 사회적으로 크게 공헌했다.

저와 함께 같은 하늘 아래 있으니 참으로 의지가 된다. 엄마 말씀에 정무는 늘 건강이 안 좋으니 신경 쓰라는 말씀을 자주 했으나 지금은 오히려 나의 큰 지팡이가 되고 있다. 형제는 이래서 참 좋다.

엄마에게 진주로 이사해 공부를 시키라며 조언한 분은 서울대학에 재학 중 우리 집에 장가온 자형(정일수)이 우리에게 정신적 맨토이며 크게 고맙게 생각하고 대신 누님의 고생도 많다.

우리 엄마로서의 점수는 다정다감한 면에서는 우등점수를 드릴 수는 없지만, 우리를 강인하게 키워주신 점에서는 높은 점수를 드릴 수 있습니다. 그러나 시집살이를 경험한 셋 며느리는 시어머니께 몇 점을 드릴지 생각해본다.

엄마 낙제 점수? 너무 걱정 마세요.

헌신적 엄마의 교육열에 며느리들도 감사하고 있습니다.

우리는 늘 엄마의 결단에 감사드리며 남 앞에 당당하고 정직하게 살며 아버지 없는 호로자식(아버지 없이 자란 자식들의 버릇없는 행동 등 지적 폄하 하는 말)이란 말을 듣지 않도록 종아리 맞으며 배운 교훈 마음에 새기고 있습니다.

작가의 마음

간혹 정구 또 잡혀갔나 하시는 말씀 기억나면 눈물이 난다. 다만 엄마가 말씀하신 정구 보상금 정원 신부 5·18 유공자 신청하라며 강권하시지 않았던 저그가 신청 않는데 우짜노 나라위해 일했으면 됐지, 하는 말씀 되새겨 봅니다.

엄마 감사합니다.

영면하십시오.

형님 생신 축하합니다

형님

형님 생신 축하드립니다.

형님은 독자이신 아버님의 대를 이을 아들로 태어나 시골 모심기 끝 무렵에 큰 경사 났다며 동네 사람들의 축복 속에서 성장하면서 튼튼한 체격과 친화력 인자한 성격 덕에 멋진 성장기를 보냈지만, 아버님이 일찍 작고하시어 어머니를 도와 본인의 뜻과는 달리 가정과 동생들 돌봄에 형의 기량을 마음껏 펴지 못한 것 같아 늘 죄송한 생각이 듭니다. 우리가 자랄 때 할머니는 열녀며 아버지는 효자라는 자부심을 품고 우리 형제 교육에 큰 영향을 심어 주셨으며 결손 가정의 비난을 받지 않게 호된 꾸지람도 잘 기억하고 있습니다.

형님은 주위로부터 편모 잘 모시는 효자라는 말씀 들었습니다. 이 점은 동생들이 인정하고 본받고 있습니다. 때로는 큰형을 아버지같이 무서워하기도 했고 바른길 가는 형을 따르려고 애썼습니다.

건강이 좋지 않아 늘 소심한 저를 형제 중에서 감싸준 것을 저도 이제 나이드니 알겠습니다.

형님은 동생들이 사회에 크게 공헌했다고 말씀도 하시지만, 오늘 우리 형제가 있기까지 형님과 형수님의 큰 희생이 있었기에 가능했으며 특히 형수님의 후덕한 인품 덕입니다.

　막내동생 정원신부님 병시중을 들면서 형의 존재를 크게 깨닫게 되어 85회 생신 글을 올립니다.

　형수님도 그 인품에 대학에 계셨다면 한 분야의 최고봉이 되었을 것입니다.

　한때 저의 힘든 시기에 형수님이 가진 패물을 처분 학업을 계속하게 해준 그 은혜 늘 마음에 간직하고 있습니다.

　하늘 아래 4벌의 옷을 부모님이 주셨으나 두벌의 남으니 한여름에도 한기가 듭니다.

　편모의 고부간 갈등에 늘 어머니 편만 들었으니 형수님 속 많이 상했을 겁니다.

　형님! 형수님 건강 좋지 않으니 잘 보살피고 하나 남은 동생의 든든한 버팀목이 되어주십시오.

　사랑합니다.

　늘 건강하십시오.

　형님의 85회 생신에….

2025. 6. 22 둘째 동생 정무 올림

3부
작가의 마음想

우리 동창 제정원 신부

　우리 동창, 제신부! 우리가 함께 공부하고 여행가고 사목하고…. 벌써 40여 년이 되었네.
　40년이면 적지 않은 세월인데 엊그제 일처럼 너무 빨리 세월이 흘러가 버렸네.
　인생이 이렇게 빨리 갈 줄 누가 알았나? 40년 세월이 한 달 전 사건처럼 느껴지네.
　인생이 이렇게 짧은 것인가?
　40여 년이라는 시간이 실감이 나지 않네.
　또 하나! 그런데 자네가 거기 누워 있다는 것도 실감이 나지 않네. 도대체 내가 자네 조사를 할 줄은 꿈에도 생각 못 했는데.
　여보게 제신부! 꿈에도 생각 못 했던 일이 또 하나 있지! 10년 전 유영훈 신부가 이곳에서 우리 곁을 떠났지. 우리 동창 어느 누구도 유신부가 이렇게 빨리, 갑자기 떠나리라고는 꿈에도 생각 못 했었지. 유신부가 우리 인천교구 동창 7명 중 중간에서 위아래를 잘 연결했는데, 갑자기 떠나가니까 충격이었고 너무도 안타까웠지…….
　제신부, 그때 자네가 유신부에게 한마디 했지.
　"짜식, 뭐가 급해서 일찍 가 버렸냐?

제신부! 나도 한마디 하겠네. "제신부, 뭐가 급해서 일찍 가버렸냐?"

제신부가 대학생 때, 하루는 빈민 운동하는 제정구 형을 찾아갔답니다. 청계천 어느 판잣집에 들어가니까 정구 형과 어떤 서양 사람이 앉아 있더랍니다. "형! 저 서양 놈이 누구야?"하고 물었더니 "저는 정일우 신부라는 서양 놈입니다." 즉석에서 신부님의 대답으로 머쓱한 분위기를 웃기게 했답니다. 그때부터 정일우 신부님을 만나면서 예수회에 관심을 갖게 되었다고 합니다.

제정구 형이 청계천 판잣집 철거할 때 형을 따라서 철거민들과 함께 목동으로 이주했고 다시 목동이 개발되어 신천리로 이주했답니다. 제가 그 철거민들을 처음 본 것은 84년 또는 85년쯤으로 기억되는데 지금의 신천동 성당 도로 건너편, 그 당시엔 아주 넓은 공터였는데, 대형 천막들을 치고 집단으로 거주했습니다. 한마디로 난민촌을 이루고 열악한 처지에서 생활했습니다. 그 후 부록을 찍어서 단층집들을 지어 복음자리 주택을 마련했습니다. 철거민들이 비로소 복음 자리 주택에서 안정적인 주거가 마련되었습니다. 정일우 신부님과 제정구 형님의 이런 빈민 운동 과정을 보면서 제정원 신부의 사목 방향도 많은 영향을 받았을 것으로 생각합니다.

제신부에게는 이상한 운동습관이 하나있습니다. 등을 방

작가의 마음

바닥에 대고 누운 다음 양손, 양발을 수직으로 올리고 사시나무 떨듯 흔드는 것입니다. 학생운동으로 안기부에 끌려가서 고문받은 후유증으로 목과 어깨가 아프다고 자주 호소했습니다. 고문 기술자들이 표도 안 나게 목을 때려서 겉은 멀쩡한데 목, 어깨가 몹시 아프다고 괴로워했습니다. 그럴 때 누워서 손발을 흔들면 아픈 것이 다소 가라앉는다고 합니다. 사제가 된 후에도 그렇게 고통을 달고 살았는데 하루는 자기를 고문한 안기부 사람을 전철 안에서 만났다고 합니다. 순간 그 사람이 당황해하는데 이렇게 말했답니다. "나나 당신이나 이 시대의 희생자요" 하며 용서해 주었다고 합니다.

제신부! 자네는 성격이 단호하고 강직하고 외향적인 데 비해 나는 우유부단하고 소심하고 내성적이라 전혀 성격이 반대처럼 보이네. 그래서 자네가 교구에서 큰일들을 맡아서 척척 처리하는 것을 보면 감탄하곤 했었네.

병원을 맡아서 정상화한 일, 얼마나 어려운가? 의사라는 우수한 두뇌집단을 이끄는 것이 얼마나 어려운 일인가? 자네 같은 지도력과 강단이 있었으니까 가능했다고 생각하네. 나 같은 소심한 사람에게는 감히 꿈도 못 꿀 일이지!

송도 캠퍼스 부지마련, 정말 큰일을 해낸 것이지! 우리 교구가 송도로 뻗어 나갈 커다란 큰 기틀을 마련한 것 아닌가?

 이승훈 묘역 성지조성사업, 간호대학, 종교 미술학과 설립, 교구의 어려운 문제에 발 벗고 나서서 해결하고 추진하는 자네의 적극적인 모습, 판단력이 빠르고 통솔력이 뛰어나고 기획 실천도 탁월한 능력 있는 신부.

 제신부, 자네는 이 짧은 인생 화끈하고 멋지게 살다가 갔다네!

 부디 천국 가서 행복하게 살기를 바라오. 남은 우리 동창들 모두 천국 가서 만납시다.

 주님! 제정원 신부에게 영원한 안식을 주소서!

2024. 1. 6. 소천
동창 정귀호 신부님

---

* 제정원 신부(약력)
  - 5.18 민주화운동으로 서울대 중퇴, 18년 후 졸업
  - 1988.2.12 사제서품
  - 1994년 미얀마(버마) 어린이 돕기 후원회 발족
  - 2024.1.6. 선종
  - 2025. 현재 어린이 돕기운동 지속

작가의 마음

故 제정원(베드로)
신부님을 기억하며…

　제정원 신부님께서 하느님 품으로 가신지 벌써 1주일이 되었습니다. 신부님을 회상하면 제 인생 안에서 잊을 수 없는 좋은 추억들이 많습니다. 그래서 제 마음 한켠에 쌓아주었던 제 신부님과의 추억을 이 지면을 빌어 나누어 보고 싶습니다.

　제가 제 신부님을 처음 만난 것은 1997년 제가 서울에서 부천 여월동으로 이사를 오고 나서입니다. 그때 저는 김포공항에서 일했고 스케쥴 근무를 했습니다. 그래서 오후에 출근하는 날에는 오전 10시 미사를 참례한 적도 있었습니다. 그때 저는 앞자리를 즐기는 편이었고, 어르신들만 앉아계신 앞자리에 20대인 저가 떡하니 함께 앉아있는 모습을 보시고는 제신부님께서 신기하게 여기셨는지 부모님은 누구인지 등 저에 대한 호구조사가 이루어졌습니다. 그래서 저는 회사 가까운 곳으로 2년간 전세를 얻어왔고, 잠깐 살다가 다시 서울로 이사갈 거라고 대답했습니다.

　그러던 중 저는 감사하게도 주님으로부터 성소를 받았고, 1998년 여름부터 신학교 입학을 위해 예비신학생 모임을 나가게 되었습니다. 그때 제 신부님께서 이모저모로 저를 많이 도와주셨습니다. 거처를 성당 수녀원 옆에 있는 방에서 지낼 수 있도록 배려해주셨고, 식사도 사제관에서 함께 하라는 큰 특전도 베풀어 주셨습니다. 제 신부님과 식사하면서 저는 부족한 저의 식사습관을 알게 되었고 악습을 고치는 계기도 되었습니다. 여름철 후식으로 수박이 나올 때면 저는 습관처럼 빨간색의 수박 살을 조금 남기곤 했습니다. 그때 신부는 청빈하게 살아야 하니 빨간색이 전혀 보이지 않게 먹고 껍질만 남기라는 제신부님의 불호령이 내려졌습니다. 또한, 크리넥스 티슈 한 장을 뽑아서 입을 닦았더니 휴지 반장으로 충분하다며 한 장을 반반씩 찢으시고 그 반을 저에게 주시기도 했습니다. 그 이후 저는 자연스럽게 음식이든 물건이든 아껴 써야겠다는 결심을 하게 되었고, 신부님 덕분에 저는 검소한 삶을 살게 되었습니다.

지금까지 짧지만 제신부님과 저의 인연 안에서 일어나 소소한 추억의 이야기를 나누었습니다. 그래서 그런지 제신부님이 더욱 그립고 뵙고 싶습니다. 하지만 언젠가 하늘나라에서 다시 조우할 날을 기다리면 기도하면서 그 그리움을 삭히고 싶습니다. 제 신부님 잘 계시지요? 사랑합니다.

인천교구 청라 3동 성당
이용옥 요한 보스코 신부(제정원 신부의 대자신부)

고성사람 제정구를 위한 노래

밑둥 큰 참나무 같았던 '참 사람' 제정구가 태어난
경남 고성군 대가면 척정리 자실 마을은
백두대간이 남으로 뻗어 내려와
지리산 삼신봉에서 가지 친 낙남정맥이
뒷산 백운산으로 옹골차게 지나가는 곳.
백두산 정기가 곰탁곰탁 잦아든 골.

열녀포창 받은 호랑이 화산댁 할머니
'치마 두른 남자'로 불리던 낙정댁 어머니
그 성정 그 인품 고스란히 물려받아서
고래 심줄처럼 원칙과 고집이 드세었던 제정구.
참 사람으로 살기 위해
스스로 세상 어두움을 닦는 걸레가 되고자
낮은 곳으로 낮은 곳으로만 몸을 낮추었던 제정구.

고성사람 앉았던 곳에는 풀도 나지 않는다는 말,
과연 제정구가 앉았고 머물렀던 곳곳에는
악의 풀,
부정부패의 풀,

비리의 풀,
더럽고 추악한 풀이란 풀은
한 포기도 자라나지 않았다.

잘나고 똑똑한 사람이
권력이나 이익을 좇지 않고
제일로 무시당하던 빈자의 편에 섰던 그가 있었기에
이제 그가 태어나고 자란 고성이
크게 돋보이는 것이다.

하늘이 세상에 사람을 내일 적에
제일로 아끼고 귀애하는 사람일수록
일찍 불러간다던데
힘없고 가난한 자의 사랑을 받던 그를,
오염된 정치판을 정화시키고자 했던 그를
하늘이 먼저 시샘했구나….
아아!
제정구 없는 이 세상은
사방 적막강산이다..

첫 추모식 때 지은 정해룡의 시 〈고성 사람 제정구를 위한 노래〉

초판 · 펴낸날 | 2025년 8월 20일
발행인 | 제정호
편　　집 | 서승희
펴낸곳 | 도서출판 아이비애드
펴낸이 | 아이비문화 김삼석
디자인 | 아이비문화 김삼석
출판신고 | 제 2014-000131호3
주　　소 | 서울시 중구 을지로14길 12(을지로 3가)
전　　화 | 02-2274-4110

ISBN 979-11-88787-37-1
정가 15,000원

- 이 책의 판권은 지은이와 아이비애드에 있으며 저작권법에 의해 보호받는 저작물이므로 저자와 출판사의 동의 없이는 무단 전재 및 복제를 금합니다.
- 잘못된 책은 바꿔드립니다.